Russland 2020

NachRusslandReihe

russland-buecher.ru

Jeder will lieber glauben als nachdenken, und so
wird nie über das Leben nachgedacht.

Seneca, *(Vom glückseligen Leben)*

Sandra Ravioli

Russland 2020

Eine provokative Thesis

Bibliografische Information der Deutschen Nationalbibliothek. Die Deutsche Nationalbibliothek verzeichnet diese Publikation in der Deutschen Nationalbibliografie; detaillierte bibliografische Daten sind im Internet über http://dnb.d-nb.de abrufbar.

Achtung!
Als Service für die Leser unserer Buchreihe haben wir einen Kundenbereich unter http://www.russland-buecher.ru, wo Änderungen und Neuigkeiten publiziert werden.

Über dieses Buch: Am 8. Februar 2008 hielt Putin eine Rede, die viele Journalisten in erster Linie als Wahlpropaganda für Medwedew und als Putins eigene Propaganda zur Legitimierung seines Postens als Ministerpräsident abtaten.

In Wirklichkeit enthält die Rede Putins gerade in den Elementen, die sich auf die kommenden 12 Jahre beziehen, konkrete Hinweise wie Russland in 12 Jahren aussehen könnte.

Und wie sieht Europa in 12 Jahren aus? Russland kann zur Not ohne Europa leben. Ist es aber klug von den Europäern zu glauben, sie könnten ohne Russland leben? Welche Chancen und Risiken für Europa verstecken sich hinter der Frage „mit oder ohne Russland"?

Wohin geht Europa zurzeit und was könnte passieren, wenn Europa nicht endlich seine alten Ressentiments über Bord wirft? Es sind die Eliten Europas, die nach wie vor zwanghaft am transatlantischen Bündnis festhalten. Ist dies aber der Weg in eine gesicherte Zukunft für nachfolgende Generationen?

Russland ist eine Chance für Europa. Kaum ein Land hat Europa so viel zu bieten.

Auf den kommenden Seiten soll die Entwicklung der kommenden Jahre in Russland kritisch betrachtet werden. Anschließend wenden wir uns der europäischen Realität und ihrer weiteren Entwicklung zu.

Mit oder ohne Russland ist eine Frage, die jeden Europäer angeht.

Russland 2020 ist meinen Seelenverwandten gewidmet, die wissen, man muss alles in einem historischen Kontext sehen. Die Geschichte der Menschheit kennen, um früh genug einen Blick in die Zukunft zu werfen. Die Zukunft gestalten und sich ihr nicht blind ausliefern. Vorurteile überwinden, um kommenden Generationen eine lebenswerte Welt und keine Trümmer zu hinterlassen.

Inhalt

Einführung

Die Geschehnisse der letzten 5 Jahre lassen keine Zweifel offen, dass die Organisation unserer Welt im Ganzen, die als Ergebnis des 20. Jahrhunderts übrig blieb, überdacht werden muss und schnellstens reorganisiert werden sollte. In Wirklichkeit brachte das 20. Jahrhundert der Menschheit auf lange Sicht keine Stabilität, kein Glaube an die Zukunft und keine soziale Sicherheit. Auf trockenem Boden wuchsen lediglich die Schulden, die - und dies ist jetzt schon klar - zukünftige Generationen abzutragen haben und damit ihre Möglichkeiten zur weiteren Entwicklung behindern. Dabei muss unter dem Aspekt der Gerechtigkeit erwähnt werden, dass eine solche Situation nicht auf der Grundlage einer freien Auswahl stattfand, sondern wir wollten Schulden machen und werden sie von unseren Kindern zahlen lassen.

Ein Grund für die Einschränkungen Europas sind unter anderem die demographischen Gegebenheiten, die Abhängigkeit von Ressourcen, Umweltprobleme, soziale Gerechtigkeit und die Sicherstellung der weiteren technologischen Entwicklungen – damit sind auch die interessierten Kreise formuliert, die sich Gedanken um die weitere Entwicklung in Europa machen müssen. Dabei ist die Frage nach der prinzipiellen Strategie für Partnerschaften, eine der entscheidenden Punkte.

In diesem Buch versucht die Autorin in erster Linie eine Idee für eine alternative Wahl eines zukunftsträchtigen Partners zum Wohle einer strategischen weiteren Entwicklung Europas im 21. Jahrhundert zu entwickeln Dabei wird auch die technologische Entwicklung aufgezeigt, die demographische Problematik, die zukünftig zu erwartenden sozialen Probleme, aber auch die Frage nach der militärischen Sicherheit Europas.

Das analytische Resultat dieses Themenkreises gibt das Szenarium für die Perspektive einer weiteren Entwicklung Europas vor – beleuchtet wird dabei eine Periode bis 2020.

Die Autorin schlägt ein reiches Szenarium zur Betrachtung der Zukunft der Menschheit vor. Das 21 Jahrhundert muss unter dem Zeichen einer multipolaren Welt stehen und hier bietet sich als attraktiver Partner Russland an, das mit einem Schlag die drei größten Probleme Europas in einer Partnerschaft lösen zu können – militärische Sicherheit, die Versorgung mit Ressourcen und einem riesigen Markt für die Produktion aus Europa.

Ein Boden, der es ermöglicht für viele Jahre eine gegenseitige fruchtbare Freundschaft im gemeinsamen Interesse für die Entwicklung des Kontinents einzugehen. Eine Option, die man in Betracht ziehen sollte.

Larissa Agafonowa

Historische Fragmente

Die Entwicklung der Bipolaren Welt 1896 bis 1991

Nach dem 2. Weltkrieg mutierte Russland nicht zu einem gleichberechtigten Partner auf internationalem Parkett, sondern zum Inbegriff des Bösen, das es zu zerschlagen galt.

Für die USA ging es dabei mitnichten um rein ideologische Gründe, sondern um handfeste wirtschaftliche Interessen. Die USA wollten nicht einer der Mitspieler im internationalen Wirtschaftsgeflecht sein, sondern sie wollten die Spieler schlechthin sein. In Folge des zweiten Weltkrieges wurde aus einer Multipolaren Welt eine Bipolare Welt. Europa war als politischer und wirtschaftlicher Gegenspieler zuerst einmal lahm gelegt. Was lag da näher, als der Traum einer unilateralen Welt? Nicht aus politischen, sondern aus rein wirtschaftlichen Gründen. Warum nur ein wenig besitzen, wenn man alles besitzen könnte?

Bereits Ende des 19. Jahrhunderts zeigte sich, dass die USA im Gegensatz zu den Europäern ihr Schwergewicht nicht auf den Besitz von Landmassen legten, sondern auf wirtschaftliche und militärstrategische Stützpunkte (Philippinen, Puerto Rico) und später den Bau des Panamakanals, was man als die historischen Anfänge bezeichnen kann.

Unter der ideologischen Verdammung des kommunistischen Systems konnte man wissenschaftlich umstrittene, wirtschaftliche Maßnahmen durchsetzen.

Die Europäer mussten zwangsläufig mitspielen, denn letztlich hingen sie nach dem Weltkrieg am finanziellen Tropf der USA, zudem wurde moralisch Druck auf die Bevölkerung in Westeuropa ausgeübt.

Der erste Schritt, um den moralischen Gegenspieler Sowjetunion wirtschaftlich zu schwächen, war die Gründung der OPEC. Gegründet wurde sie 1960 und umfasste Teilnehmer, die zusammen 40 Prozent des Erdölmarktes deckten. Um die Sowjetunion zu schwächen und damit die eigene Position zu sichern, musste Devisenknappheit in der Sowjetunion erzeugt werden. Dies war aber nur dann möglich, wenn Erdöl exportierende Länder am selben Strick zogen und bereit waren, den Erdölpreis durch die Fördermenge künstlich tief zu halten und damit die Preise weltweit zu regulieren. Der Erdölpreis galt auch für Länder, die nicht in der OPEC Mitglieder waren.

Einen Zusammenhang zwischen der Gründung der OPEC und dem Niedergang der Sowjetunion kann man ohne weiteres unterstellen.

Ein Blick auf die heutigen Erdölpreise der OPEC bestätigt den Verdacht, eines damals politischen Entgegenkommens im Interesse der USA.

Ein weiteres Beispiel war die Auflösung des Goldstandards. Gold und Silber galten grundsätzlich als Sicherheit für das Geld, das eine Nation in Umlauf brachte. Doch schon Adam Smith und anschließend Keynes träumten davon, einfach Geld zu drucken.

1944 wurde mit dem Bretton-Wood-Abkommen den Amerikanern der Weg zur Weltwirtschaft geöffnet. Damals lagen in Fort Knox tatsächlich ¾ aller Goldreserven der Welt. Amerika hatte aber zu diesem Zeitpunkt schon keine eigenen Vorkommen mehr. Russland schon. Wollte man den wirtschaftlichen Einfluss der USA sowohl als Weltreserve wie als Wirtschaftspartner erhalten, musste das Bretton-Wood-Abkommen in den 70er Jahren ersetzt und die Wechselkurse freigegeben werden.

Das Wirtschaftswunder nach dem Krieg wurde nicht zuletzt durch Bretton Woods finanziert und der parallele Aufschwung der Märkte in Europa und Japan zerrte an den Goldreserven der USA. 1973 wurde die Goldbindung des Dollars aufgelöst.

Theoretisch müsste eine Währung ohne Goldstandard in der klassischen Wirtschaftswissenschaft nun vom Staat garantiert werden.

In den USA regiert das FED und dies ist keine Zentralbank im herkömmlichen Sinne, sondern besteht aus Mitgliedsbanken und anderen Institutionen, die zur gleichen Zeit auch Mitinhaber der FED sind, nur das Direktorium wird vom Präsidenten der USA ernannt. Eine staatliche Garantie für die Währung lag in dem Sinne also niemals vor, sondern lediglich Privatgarantien der größten Wirtschaftsunternehmen und Banken, die nun fast ungehindert zum Globalplayer aufsteigen konnten. Nun überließ man den Markt auf der einen Seite den Devisenspekulanten, hatte aber andererseits den Vorteil für Papier weltweit das aufkaufen zu können, wonach es Großinvestoren und Konzerne gelüstete.

Der Weg zu transnationalen Großkonzernen und dem, was wir als Globalisierung bezeichnen, war damit vorgezeichnet.

Anstelle der Wertsubstanz Gold, trat nun die erste Phase eines politischen Versprechens. Ohne den Gegenspieler Sowjetunion und eine propagandistische Journalistik, die immer wieder die Angst vor einem III. Weltkrieg mit dem Hauptakteur Sowjetunion in Europa und Asien beschwor, wären die USA mit ihrem Währungstraum gescheitert. In den 80er Jahren war dank der Medien nun der Weg zum dritten und letzten Schritt geebnet. Das politische Versprechen wurde durch die Potenz der Rüstungsindustrie ersetzt.

Bereits 1950 wurde durch die so genannte CoCom Liste dafür gesorgt, dass es im HighTech Bereich zu einem Technologieboykott des Westens gegenüber den osteuropäischen Staaten kam. Initiator dieser Liste waren von Anfang an die USA.

Dies ruinierte nicht nur endgültig die Sowjetunion, die mit ihren Devisen gezwungen wurde zu überteuerten Preisen auf dem Weltschwarzmarkt Hightechteilchen zu kaufen, sondern es sorgte auch dafür, dass - anstatt in die Verbraucherindustrie und die Lebensmittelindustrie zu investieren - die Sowjetunion nun mit den USA im Rüstungsgeschäft tempomäßig mithalten musste, ohne aber selbst über genügend Hightechressourcen zu verfügen.

Hinzu kam das historisch absolut sinnlose Engagement der Sowjetunion in Afghanistan. Ein Blick in Geschichtsbücher hätte gereicht, um zu wissen, Afghanistan konnte noch nie durch fremde Mächte besetzt werden.

Das heutige Engagement der USA in eben jenem unwirklichen Land lässt aber immerhin den Schluss zu, dass die USA nicht bewusst die Sowjetunion in ein militärisches Desaster getrieben haben. Das ZK der KPDSU war wohl von selbst auf diese Idee gekommen. Anders lässt sich das genauso sinnlose Besatzungsschema der USA im heutigen Afghanistan nicht erklären. Allerdings haben die USA dafür gesorgt, dass die Gegner der Sowjetunion in Afghanistan über alles verfügten, was man für einen massiven Widerstand benötigte. Dazu gehörte nicht zuletzt auch die Toleranz gegenüber den Taliban, die von den USA indirekt mitfinanziert wurden.

Mitte der 80er war die Sowjetunion bankrott. Kann man eine bipolare ideologisch anders geartete Welt einfach auflösen? Kaum, man kann aber nachhelfen. 1987 wurde zuerst den Betrieben erlaubt ihre Produktion an den tatsächlichen Bedürfnissen der Konsumenten auszurichten und nicht am staatlich zentralisierten Wirtschaftsplan. Parallel dazu wurde dem Komsomol (Jugendorganisation der UDSSR) 1987 offiziell die Erlaubnis erteilt marktwirtschaftliche Geschäfte zu machen, Importe zu organisieren und diese zu Marktpreisen und nicht zu festgelegten staatlichen Preisen zu verkaufen. Finanziert wurde das Ganze vom Staat.
Hier nahmen die Karrieren eines Abramowitsch und eines Chadarkowski ihren Anfang. Anders als die ältere Generation, waren diese in den 60er Jahren geborenen Jungmanager politisch weniger erfolgreich indoktriniert als die Vorgängergeneration. Eine Generation, die sich weder an miserable Lebensbedingungen der Menschen im vorrevolutionären Russland erinnern konnte noch die

stalinistischen Repressionen mit eigenen Augen gesehen hatte, nahm nun ihre Chance war und brachte letztlich, wenn vermutlich auch zufälligerweise und unabsichtlich, die Sowjetunion zu Fall. Wurden die Babyboomer der 60er mit Absicht los gelassen?

Die definitive Antwort wird man erst in 20 oder 30 Jahren geben können. Die Idee, dass es aber genauso war, ist nicht ganz abwegig.

Gorbatschow wird dies, wie auch andere Mitglieder des ZK, natürlich von der Hand weisen, aber auch sie könnten nur Mittel zum Zweck gewesen sein. Andropov, der im Westen gerne nur als ein alter Mann im höchsten Staatsamt des Landes gesehen wurde, hätte zumindest das Wissen und auch den Intellekt besessen, zu sehen, dass das Land ohne Öffnung keine Chance hätte ins 21. Jahrhundert zu gelangen. Gorbatschow war sein Zögling.

Zudem lässt einiges darauf schließen, dass Gorbatschow relativ einfach zu beeinflussen war. Andropov als Chef des KGB hatte genügend Fachkräfte, um Psychogramme von Menschen anfertigen zu lassen und sich auf dieser Basis einen Zögling auszusuchen, der die Rolle des Totengräbers übernehmen konnte.

Tatsache ist, Gorbatschow liebte es sich geliebt zu fühlen. Je mehr ihm diese Liebe im Inland versagt wurde, umso mehr gierte er nach Anerkennung und Zuneigung des Auslands. Um diese Liebe des westlichen Auslands zu bekommen, musste er letztlich zwangsläufig die Interessen des Westens besser bedienen, als die staatlichen Interessen seines eigenen Landes. Die Wirtschaft ging von Stagnation in offenen

Verfall über. Die Inflation nahm zwischen 1990 und 1991 um 140 Prozent zu. Die Mittelklasse fing unter den Augen ihrer Kinder an zu verarmen. Damit bekam nun die Generation der 20 bis 30jährigen noch mehr moralischen Auftrieb. Dass die jugendlichen Komsomolzen im Sinne des jugendlichen Maximalismus´ versuchen würden mehr als nur kleine Freiheiten zu bekommen, wäre jedem Pädagogen klar gewesen. Zudem waren diese jungen Kader offen für Versprechungen des „american way of life", schien er doch auf den ersten Blick weniger bieder und muffig als das reale Leben ihrer Eltern, das in Scherben lag.

Die Entwicklung einer unipolaren Welt 1991 bis 2000

Gorbatschow hinterließ den Nachfolgestaaten der UDSSR eine Wirtschaft in Trümmern und ein moralisches Vakuum.
Das Ende der Geschichte trat nach Auflösung der UDSSR nicht ein. Viel schlimmer, die USA sahen sich nun ihrem Traum einer unipolaren Welt näher denn je. Leider begriff Europa zu diesem Zeitpunkt auch nicht, dass das, was gut für die USA und die Staaten des Ostblocks war, nicht zwangsläufig gut für Europa sein musste.
Wie oftmals zuvor in der Geschichte lasen zwar viele Leute das Buch von Zbigniew Brzeziński, „Die einzige Weltmacht", der alle Träume der USA als einzige unipolare Weltmacht zu existieren in Worte fasste, nur dachte man wieder einmal nicht daran, das Geschriebene auch als reale Idee zu verstehen. Dass die Idee der einzigen Weltmacht nicht neu ist, sondern im 20 Jahrhundert auch ein europäisches Land

beseelte, sollte ebenfalls aufhorchen lassen. Der Ausgang ist allgemein bekannt und die Zahl der Toten auch.

Man stimmte ein in den allgemeinen Jubel, ohne sich zu überlegen über was man da jubelte. Dass dies weit reichende Folgen hat, werden wir noch an anderer Stelle eingehender behandeln. Die wirtschaftliche Situation in Russland war nach der Machtübernahme durch Jelzin katastrophal. Schnittige junge Wirtschaftsökonomen waren bereit der WTO und den Amerikanern zuzuhören, wie man nun aus der Krise käme. Aus heutiger Sicht könnte man sagen „Der Sieger wollte jetzt alles".

Die unglückselige Preisfreigabe durch Jegor Gaidar ließ nun die Bevölkerung vollends verarmen. Wer in der heutigen Zeit noch behauptet, es hätte keine andere Möglichkeit gegeben, um in eine Marktwirtschaft zu wechseln, vergisst etwas, es gibt immer noch den Weg einer Teilfreigabe von Preisen und subventionierten Preissystemen bei Grundnahrungsmitteln. Rumänien ist diesen Weg gegangen, Iliescu war dafür bereit auf das Geld der Welthandelsbank zu verzichten und gab seinen Bürgern damit einige Jahre Ruhe im täglichen Existenzkampf. Die Bulgaren haben zumindest die Grundnahrungsmittelpreise subventioniert. Eine solche Idee wurde in Russland nicht mal in Erwägung gezogen.

Man glaubte dem Weltbankrezept, lieber ein Schrecken mit Ende.

Tschubais Privatisierungscoupons kamen da gerade zur rechten Zeit. Auf der einen Seite wurden nun der Bevölkerung riesige Gewinne versprochen, wenn Sie ihre Coupons Investitionsgruppen zur Verfügung stellen würden, auf der anderen Seite sorgte die galoppierende Inflation dafür, dass die Coupons, die an einen Rubelwert angelehnt waren, täglich an Wert verloren und die Superdividenden sich in Luft auflösten.

Dass sich damit auch ein Problem der USA in Luft auflöste, wurde nicht zur Kenntnis genommen.

Die Mittelklasse eines Landes ist immer die kulturelle und intellektuelle Stütze eines Staates.

Gerade aber diese Mittelklasse versank in Depression und Minderwertigkeitskomplexen. Anstatt gegen die Vereinnahmung des Westens und ihre Degradierung auf ein Niveau mit Drittweltländern zu protestieren, nahm sie die bewusst gestreuten Vorurteile des Westens an. Im Vakuum einer zerstörten Epoche und ohne einen staatlichen Identitätsbegriff namens Russland ignorierte sie selbst, dass es sich bei ihr um ein kulturell und wissenschaftlich hochpotentes Volk handelte. Die USA hatten niemals etwas Vergleichbares wie Dostojewski oder Tolstoi, keinen Puschkin und keinen Rachmaninow. Sie hatten zwar auch eine Raumstation, aber im Gegensatz zur Mir blieb ihre nicht lange im Orbit und fiel herunter.

Als Jelzin 1993 dann noch unter der Billigung des Westens das Parlament auflöste und eine Verfassung mit Präsidialdemokratie durchsetzte, fühlten sich die USA noch einmal mehr bestätigt.

Wer in den Jahren 91 bis 96 versuchte die USA in Russland zu kritisieren, wurde von seinen Gesprächspartnern immer automatisch gefragt, ob man Kommunist sei. Niemand machte sich Gedanken darüber, dass Politik, die in erster

Linie auf wirtschaftlichen Interessen beruht, genauso wenig mit den Interessen der eigenen Bürger zu tun haben kann, wie Micky Maus nun mal kein Kulturgut für Erwachsene darstellen sollte. Ab 95 rappelte sich das Volk auf, jedoch noch immer im Schatten der väterlichen Hand aus den USA. In den Schulen tauchten amerikanische Übersetzungen über russische Geschichte auf, die vor allem die USA propagandistisch in deren Sinne darstellten. Daneben sorgten die Massenmedien für eine beispiellose Degradierung der Moral und der Ethik im Land. Unter dem Motto alles ist erlaubt, wurde schon alleine die Idee des Jugendschutzes bei Fernsehfilmen oder Publikationen als Zensur angesehen. Die so genannten Geschäftsleute der damaligen Zeit dachten wirklich, nun hätte der Darwinismus gesiegt, fressen und gefressen werden, Neoliberalismus pur. 1998 setzte eine erneute Geldkrise diesem Treiben ein abruptes Ende. Ende 1999 trat der Mann ab, der einer vernünftigen Konsolidierung im Land wegen seiner eigenen Verfassung gepaart mit schlichter politischer Unfähigkeit entgegenstand. Ohne die massive Unterstützung der Medien und der amerikanischen Think Thanks, wäre er bereits 96 nicht wieder gewählt worden.

Trat er freiwillig ab, war er plötzlich einsichtig geworden? Eine der ersten Amtshandlungen des neuen Präsidenten nach der Wahl im Frühjahr 2000 war ein Gesetz, das Expräsidenten und deren Familie vor juristischen Folgen ihrer Handlungen zurzeit der Präsidentschaft schützte. Beweisen wird man es sicherlich nicht können, aber der Schluss liegt nahe, dass zum Preis der Straffreiheit Jelzin wohl zurückgetreten sein dürfte.

Während Zbigniew Brzezinski in Washington öffentlich tönte, Originalzitat «Europa ist Heute de facto ein militärisches Protektorat der Vereinigten Staaten von Amerika», trat in Russland eine neue Ära ein, eine die die USA nicht weniger herausfordert als vorher die Sowjetunion und tatsächlich das Format hat, den amerikanischen Traum der unipolaren Welt in Frage zu stellen.

Russland 2000 bis 2008

Die Regierung Putin übernahm ein Land, das vor sich hinschlitterte. Eine fehlende breite Mittelschicht, eine Oberschicht, die sich überhaupt nicht für das Land oder gar seiner Bürger interessierte, ein marodes Schulsystem und ein fehlendes Staatsbewusstsein sind nur einige der Zutaten des Breis, der im Lande vor sich hin köchelte.

Die russische Agrarwirtschaft lag am Boden, im Lebensmittelbereich stammten (und stammen) 80 Prozent der Lebensmittel aus dem Ausland. Über Jahre wurde weder in die Rüstungsindustrie noch in die Wissenschaften investiert. Beamte hatten kümmerliche Gehälter. Der Exodus von Wissenschaftlern und Künstlern in den 90ern, die ins Ausland zum Geldverdienen abwanderten, war ein akutes Problem. Für einen Apfel und Ei hatten internationale Ölkonzerne riesige Ölressourcen von der Jelzinregierung zur Ausbeute bekommen. Das Image Russlands und der Russen im Westen war auf einem Tiefpunkt.

Zuerst wurde dafür gesorgt, dass Gouverneure vom Kreml ernannt wurden. Was im Ausland als antidemokratischer Akt empfunden wurde, war in Wirklichkeit der einzige Weg das Land zu konsolidieren und einheitliche Gesetze und die Wahrung dieser Gesetze im ganzen riesigen Land durchzusetzen. In den Jelzinjahren hatten sich einige Gouverneure geradezu als von Russland unabhängige Gebietsdespoten entwickelt und verstanden sich offen als „Souveräne Gebiete assoziiert in der Russischen Föderation"[1].

Wenn Putin in seiner Rede im Februar 2008 betonte, dass die Presse oft als Sprachrohr von wirtschaftlichen oder politischen Gruppierungen handelte, so kann dies als tatsächlicher Fakt der 90er Jahre bejaht werden. Allerdings trifft dieser Fakt nicht nur auf Russland zu, nahm aber dort dramatische Ausmaße an. Einfach deswegen, weil die Menschen bereit waren zu glauben, es handle sich um eine unabhängige und objektive Berichterstattung.

Weil sie nicht wissen konnten, dass gerade Fernsehserien tatsächlich nicht nur der Werbung dienen, sondern auch die Menschen auf einen bestimmten Weg „wie man zu leben hat" einschwören sollen. Massenmedien haben den direkten Zweck nicht nur Geld zu verdienen, sondern auch Ideologie zu verbreiten.

Die Inflation betrug 1999 rund 36,5 Prozent, jetzt liegt sie um 10 Prozent (auch wenn die gespürte Inflation doppelt so hoch ist, dieser Fakt trifft aber auch auf das Jahr 99 zu). Anfang 2000 betrugen die nicht ausbezahlten Gehälter akkumuliert zwei Jahre. Das durchschnittliche Gehalt und die Renten lagen bei 40 Prozent des Einkommens von 1991.

Das an Bodenschätzen reiche Russland war mausarm.

Von 2000 bis 2008 konnte das Sozialsystem soweit verbessert werden, dass heutzutage Renten pünktlich ausbezahlt werden, Krankenhäuser auch außerhalb von Metropolen renoviert wurden, Schulen auch in Provinzen über Computer verfügen und den Leuten ein Gefühl des „wir" als Staatsbürger Russlands gegeben wurde. Die Gehälter stiegen und steigen kontinuierlich und das Minderwertigkeitsgefühl aus Russland zu sein verschwand in weiten Teilen der Bevölkerung.
Die ausländischen Investitionen nahmen laufend zu, gerade die Wirtschaft schätzte die neue Stabilität in Russland. Der Finanzmarkt vergrößerte sich von 60 Milliarden Dollar auf 1,33 Trillionen USD.
Die Gehälter erreichten im Jahre 2007 die Kaufkraft vor 1991. Umstrittene Aneignungen wurden rückgängig gemacht, wenn auch unter lautem Protest des Westens.

Hier stellt sich aber eine philosophische Frage:

Wem gehören Bodenschätze? Dem Volk eines Landes oder transnationalen Kooperationen? Wer soll von ihnen profitieren, die Staatsbürger oder fremde Aktionäre?
2007 lag das Bruttosozialprodukt bei 8.1 Prozent. Die Infrastruktur des Landes wird langsam erneuert und die Landwirtschaft erhält endlich Aufbauhilfe. Zu guter Letzt wurden die Auslandskredite getilgt und liegen gegenwärtig

bei 3 Prozent des jährlichen Bruttosozialproduktes, was eine der geringsten Staatsverschuldungen weltweit darstellt.

Im Krisenjahr 2008 wird mit einem BIP von 6,7 Prozent gerechnet.

Russland 2020 I

Am 10. Februar 2008 stellte Präsident Putin vor dem Staatsrat einen 12Jahresplan vor. Was auf den ersten Blick Belustigung hervorruft und an die 5 Jahrespläne der KP erinnert, ist in den Details durchaus interessant und wert, einer genaueren Analyse unterzogen zu werden. In der Sowjetunion waren die Eckpfeiler solcher Jahrespläne niemals Technologie-investitionen oder Investitionen in das Humane Capitel.

Bis jetzt wurden Versprechungen, die von der Regierung Putin für Investitionsmaßnahmen und ähnlichem gegeben wurden, fast immer eingehalten. Umso interessanter ist es, sich aufmerksam mit den Eckpunkten der Visionen der Regierung zu befassen.

Die wichtigsten Eckpunkte:

- Entwicklung neuer Wirtschaftszweige durch Investitionen der Regierung, um unabhängiger von einer Zukunft basierend nur auf den Energieressourcen des Landes zu werden
- Internationale Konkurrenzfähigkeit im Technologiebereich
- Investitionen in das „Humane Capitel" des Landes
  - Investitionen in den Bildungsbereich
  - Investitionen in Forschung und Entwicklung
  - Normale, weltweit konkurrenzfähige Gehälter in allen Bereichen

- Kulturinvestitionen
- Erschwinglicher Wohnungsbau

- Ausbau und Entwicklung des sozialen Bereiches des Landes

  - Investitionen im Krankenkassenbereich
  - High-Tech Investitionen in Krankenhäusern, auch weit ab von Metropolen durch Operationsassistenz via Internet und Telekommunikation in Realzeit
  - Weitere Stabilisierung und Erhöhung der Renten
  - Stabilisierung der Immobilienkredite

Unfreiwillig komisch ist in der Rede die Stelle, wo versprochen wird, dass sich die russischen Renten den Renten in Westeuropa bis 2020 anpassen werden. Dies ist sicherlich wahr, nur zu wahr, wie an passender Stelle noch ausgeführt werden wird.

Die Ökonomie soll in den nächsten Jahren so erneuert werden, dass insbesondere die Abhängigkeit von Importen auf ein vernünftiges Maß zurückgeht. Wenn Russland zu den führenden Wirtschaftsmächten bis 2020 gehören will, heißt dies nach Meinung der Regierung, die Wirtschaftshilfen und die Wirtschaftsentwicklung müssen zielstrebig vorangetrieben werden und nicht in Fragmenten, so wie bisher. Um vom Technologieimporteur zum Exporteur zu werden, muss vermehrt in die Menschen im Lande, in ihre Ausbildung und in einer aktiven Unterstützung ihrer wissenschaftlichen Tätigkeit investiert werden. So Putin im Februar 2008. Schafft es Russland nicht in den nächsten 12 Jahren im wirtschaftlichen Bereich und in der Technologie eine führende Stellung in den Industriestaaten einzunehmen, so steht letztlich die Sicherheit und sogar die Souveränität des Landes auf dem Spiel[1].

Hier wird ganz konkret auch auf die Verteidigungsfähigkeit der russischen Streitkräfte angespielt. Insbesondere im Bereich Biochemie und Nanotechnologie sind die USA durch die in Russland verschlafenen 90er Jahre noch im Vorteil. Zukünftige Kriegsszenarien beinhalten nicht in erster Linie die Schrecken von Atombomben, sondern von Hightechwaffen. Russland hat bereits ein staatliches Investitionsbudget und Sonderregelungen für Betriebe im Bereich Nanotechnologie freigegeben. Dass es sich dabei nicht in erster Linie um Haushaltstechnologie handelt, wird in diesem Buch noch aufgezeigt werden.

Russland hat die Rubelkonvertierung 2006 freigegeben. Nun muss das Banksystem reformiert werden und tatsächlich könnte Russland in 4 bis 5 Jahren zu einem ernst zu nehmenden Finanzplatz aufsteigen.

Wie Wladimir Wladimirowitsch betonte „Russland hat enorme natürliche Ressourcen und ein großes wissenschaftliches Potential. Russland hat ein ganz klares

Verständnis davon, auf Rechnung welcher Ressourcen die Pläne realisiert werden können."

Russland hat mit der Rede Putins im Februar 2008 zumindest Signale gesetzt, die in den USA wohl kaum gerne gehört werden. Analysiert man die Rede im Detail, kommt sie auf der Stufe des amerikanischen Selbstverständnisses praktisch einer Kriegserklärung gleich.

Dabei gilt aus russischer Sicht die immer wieder betonte Multipolare Welt. Freiwillig werden die USA jedoch ihre Position nicht aufgeben.

Europa am Scheideweg

Die Ausgangslage Sozialbereich
Rente-Geburt-Arbeitsplätze-Geld

Auch wenn es noch niemand allzu laut ausspricht, aber Europa schlittert direkt auf eine Krise zu. 2020 werden die geburtenstarken Jahrgänge rentenberechtigt werden. In Deutschland gibt es 1,4 Kinder pro Frau im geburtsfähigen Alter und damit 0,5 weniger als 1970 (http://www.single-dasein.de/sowi/geburten.htm).

Wer aber glaubt das Problem sei in Europa mit einem Aufruf zum Kinder bekommen zu lösen, der erliegt einer Täuschung. Um dieses guten Gewissens empfehlen zu können, müsste man für all diese Kinder auch Arbeitsplätze garantieren, dies können wir schon jetzt nicht mehr.

Eine Vollbeschäftigung ist weder von der Wirtschaft erwünscht noch machbar. Maschinen streiken nicht und werden nicht krank. Es sind gerade die einfachen Arbeiten, die weiter zurückgehen werden.

Rund 20 Prozent aller Menschen im arbeitsfähigen Alter sind ohne berufliche Qualifikation. Am ehesten finden sie Arbeit im Handel. Mit rund 17 Prozent aller Beschäftigten, ist der Handel bereit auch unqualifizierte Menschen ohne Berufsausbildung zu beschäftigen. Ein wichtiger Bereich war früher der Bergbau, der Menschen ohne Berufsausbildung beschäftigte, Heute beschäftigt er noch 1 Prozent Menschen ohne Ausbildung. Die Industrie fertigt vollautomatisch, so dass der Zweig, der einst Menschen an Fließbändern einstellte, noch gerade 7 Prozent ohne Berufsausbildung beschäftigt, denn die High-Tech-Steuerungen benötigen technisches Wissen. Ganz abgesehen davon, dass monotone arbeitsintensive Produktionen längst in Billiglohnländern vorgenommen werden.

Diese 20 Prozent gelten für jedes Land in ganz Europa und sie können schon auf Grund der menschlichen Vielfalt nicht verschwinden.

Der Anteil der über 65jährigen wird sich zwischen 2020 und 2050 gesamteuropäisch zu 2008 verdoppelt haben, die über 65jährigen werden dann einen Bevölkerungsanteil von mehr als 30 Prozent stellen.

Beispiel:

Der Realwert der Rente in Deutschland hat sich durch Inflation und Nullrunden in den Jahren 2003 bis 2007 um 10,9 Prozent verringert. Ein Neurentner bekam 2003 eine Nettorente von rund 990 Euro, im Jahre 2020 wird diese auf 623 abgesunken sein. Ein Durchschnittsrentner in Deutschland wird also, obwohl er sein Leben lang 20 Prozent von seinem Gehalt für die Rente abgezogen bekam, so oder so unter Altersarmut leiden. (aus www.spitzer.de/Texte/ Gesundheit/Altersgrenzen 1.htm)

Diese Entwicklung wird sich 2020 vorübergehend verschleiern lassen, indem das Rentenalter auf 70 heraufgesetzt werden kann.

Eine übrigens logische Folge, denn man sollte nicht

vergessen, das Rentenalter 65 stammt aus einer Zeit als ein Mann mit durchschnittlich 68 starb, in unserer Zeit beträgt aber das statistische Durchschnittsalter eines Mannes in Deutschland 78. Tendenz weiter jährlich um 2 Monate steigend, bis zum Jahre 2020 wird es bei über 80 liegen.

Wenn die Jungen diese Rechnung erst begriffen haben, werden sie sich auch zu Recht fragen, warum sie sich überhaupt Rentenzahlungen von 20 Prozent Lohnabzug gefallen lassen sollen. Denn letztlich wird es Ihnen ihre Elterngeneration vormachen, am Ende werden sie schlechter dastehen, als wenn sie sich selbst früh genug Gedanken über Ihr Alter und ihr Leben im Alter machen würden.

Der Generationenvertrag der Nachkriegszeit wird gesamteuropäisch in den nächsten 20 Jahren scheitern.

Die Umstellung auf eine Kapital gedeckte Rente ist auch keine Lösung, denn die Kapitaldeckung wird vor allem auf dem Immobilienmarkt erarbeitet und der wird mit mehr alten und wenigen Jungen, die einen Arbeitsplatz haben, einen Nachfragerückgang erleben. Zudem ist die heutige Zeit durch Mobilität und Patchwork - Lebensläufe gekennzeichnet, gerade die kreativen und mobilen Menschen sind zwar auf dem Arbeitsmarkt gesucht, werden aber später im Alter durch mangelnde Beitragsjahre zusätzliche Probleme haben.

Nicht die Kinderlosigkeit sorgt für ein Desaster, sondern die steigende Lebenserwartung sowie eine falsche Erziehung, die ganze Generationen an den Sozialstaat glauben ließ, der seine Versprechen langfristig nicht lösen kann.

Wie auch Kai Ehlers in seinem Buch „Die Erotik des Informellen" richtig bemerkt, wie ein soziales Überleben ganzer Bevölkerungsschichten ohne staatliche Hilfe möglich ist, könnte man anhand des sozialen Netzes in Russland lernen. Das soziale Netz, so wie es aktuell in Russland gelebt wird, ist in mehr als 700 Jahren gewachsen. Ein soziales Netz des Miteinanders und nicht „des jeden für sich" oder nur durch Einmischung des Staates. Es ist dieses soziale Netz, was Russland in Jahrhunderten überleben ließ. Ähnliche soziale Netzwerke gab es auch einst in den ländlichen Gebieten Europas, sie wurden aber kontinuierlich spätestens nach dem 2. Weltkrieg zerstört.
Hätte es diese Netzwerke nicht gegeben, so wären die Russen in den 90er Jahren tatsächlich einfach verhungert.

Die Idee des puren Egoismus und der Welt als darwinschen Übungsplatz „fressen und gefressen werden", ein Ende der Idee des Humanismus und der Philosophie als existentielle Grundform eines Miteinanders, haben den Einzelnen in seiner sozialen Struktur vereinsamen lassen. Geld ist wichtiger als Freundschaft, schneller Genuss wichtiger als Freiheit. Täglich erzieht das Fernsehen in Serien dazu, wie man angeblich zu leben hat und was angeblich erstrebenswert ist; der neue Kühlschrank und der Flachbildschirm, anstelle Voltaire und Rousseau.
Diese Lebensform scheint direkt importiert aus den USA.

Einem Land nur wenige Jahrhunderte alt, ein Land wie ein Flickenteppich zusammengenäht aus den Auswanderern Europas des 18. und 19. Jahrhunderts. Wer sich die Zusammensetzung der damaligen Auswanderer ansieht, stellt schnell fest, die meisten konnten weder lesen noch schreiben. Viele, die es konnten, stammten aus Sekten, wurden von der Polizei gesucht oder waren einfach Abenteurer und Spielernaturen. Es sind diese Gruppen, die Amerika zu dem gemacht haben, was wir als USA kennen und es ist deren Kultur, die wir in unseren europäischen Wohnzimmern konsumieren.

211 Jahre nach der französischen Revolution scheinen die damaligen Werte im Neoliberalismus erstickt zu sein.

Es sind aber diese Werte, die Europa vor einer zukünftigen Katastrophe schützen können.

Kann „Freiheit-Gleichheit-Brüderlichkeit" einfach veralten, braucht man gegen Despoten egal welcher Couleur im 21. Jahrhundert nicht seine Stimme zu erheben?

Damit kommen wir direkt zum Thema Wirtschaft und Geld. Unser heutiges Wirtschaftssystem ist die praktische Umsetzung des amerikanischen Neoliberalismus.

Wenn auch erst in ihren Anfängen. Der lauteste Startschuss war die Privatisierung der Telekom. Ein beispielloses Schelmenstück, schaut man sich im Einzelnen an, was dies konkret bedeutete:

Mit den Steuergeldern vergangener Generationen, wurden einst die Infrastruktur und die Immobilien der Telekom von dem damals noch staatlichen Unternehmen gekauft. Natürlich fand der weitere Ausbau auch auf Kosten der monatlichen Telefongebühren statt, aber nicht nur und nicht ausschließlich. Damit das Volk auch wirklich etwas von dieser Privatisierung hatte, erklärte nun ein dem Fernsehpublikum bekannter Schauspieler, dass dies eine Volksaktie sei und wer gleich kaufe viel mehr verdiene. Real betrachtet kann man auch sagen, die Menschen wurden aufgerufen doppelt zu bezahlen, zuerst mit ihren Steuergeldern und dann mit ihrem Ersparten. Wer beim dritten Börsengang zeichnete, kaufte Aktien für 66 Euro im Jahre 2000, zurzeit liegt der Wert bei 11 Euro. Früheren Zeichnungsfreudigen erging es nicht besser. Die Deutsche Post, Air Berlin und die Deutsche Bahn sind weitere Anwärter in diesem Reigen der New Economie.

Im russischen Fernsehen gab es auch einen freundlichen Schauspieler, der den Leuten Reichtümer versprach. Das Unternehmen hieß MMM und im Russischen nennt man solche Spiele Lochatron (лохотрон) oder einfacher formuliert "wer ist dumm genug".

Das zweite Standbein, mit dem man dem Volk die Privatisierung von Dienstleistungen der öffentlichen Hand schmackhaft machte, war die Behauptung, so entstehe Konkurrenz und damit ein freier Markt und tiefere Konsumentenpreise. Der einzige Weg um Monopole zu brechen, sei die Abschaffung der Monopole.

Dabei wurde den Leuten etwas ganz einfaches unterschlagen, ein Staatsbetrieb muss nicht rentabel sein, ein Privatunternehmen immer, denn es muss seine Investoren zufrieden stellen. Das heißt auch, egal ob die Masse der Menschen arm oder reich ist, ein Privatunternehmen wird keine besondere Rücksicht darauf nehmen. Shareholder Value heißt das amerikanische Zauberwort. Wer viel Investition will, muss große Dividenden zahlen können, meistens auf Kosten der Gehälter der Angestellten.

Auch die Idee mit dem „Brechen eines Monopols" ist einfach eine Illusion, so entstehen Oligapole, die, weil sie dennoch in vielen Bereichen die Infrastruktur teilen müssen, sich zwangsläufig auch absprechen.

Wer dies nicht glaubt, achte einmal auf Folgendes: Mal kündigt der erste Mobiltelefonbetreiber Sonderaktionen an, wenig später der zweite. Einmal senkt oder erhöht die eine Petroleumfirma den Preis an der Tankstelle als erste, ein anderes Mal eine andere Firma. Alle anderen ziehen automatisch immer mit.

Der Reigen der Privatisierungen zum Wohle der Verbraucher ist noch nicht abgeschlossen, nun sollen die Bereiche der städtischen Versorgung folgen. Von der Müllabfuhr bis zum Gefängnis. Billiger oder besser wird die Leistung nicht. Meistens sind jedoch die Leistungen für die Arbeitnehmer wesentlich schlechter als vorher.

Seit einigen Jahren wird regelmäßig vor der Überbewertung des amerikanischen Dollars gewarnt. Die Krise in den letzten

Monaten, ausgelöst durch geplatzte Hypotheken, ist erst der Anfang. Die Finanzblase Dollar, angekurbelt in den 90ern durch die Rüstung und die Hypotheken, basiert auf leeren Staatsanleihen. Bis jetzt speist sich der Konsumboom nicht aus realen Einkommen, sondern aus Krediten. Diese wiederum gibt es relativ billig, denn die Wirtschaft will ein Wachstum vorgaukeln, das sie in Wirklichkeit nicht besitzt. Bankverrechnungskarten und Kreditkarten machen rein virtuelles Geld zusätzlich billig.

Rein hypothetische virtuelle Gewinne auf dem Aktienmarkt sorgen für einen voraussehbaren Crash. Die Immobilienblase, die Ende 2007 platzte, entstand durch künstlich geschaffene Märkte und Preise. So wurden Hypotheken, die ohne Eigenkapital existieren, massenhaft notleidend. Die Spitze dieser Kreditkrise dürfte noch nicht erreicht sein, da sich notleidende Kredite herauszögern lassen und zu einem späteren Zeitpunkt als sie entstehen, abgeschrieben werden können. Doch bereits jetzt entsteht eine Mittelklassenarmut ganz neuen Ausmaßes in den USA. Leute, die ihre Hypotheken nicht mehr genügend finanzieren können, verlieren nicht nur ihr Eigentum, sondern es fehlt an sozialen Maßnahmekatalogen. Fängt ein Unternehmen an zu viele notleidende Kredite zu haben, ist der Rest klar; das Unternehmen geht pleite, die Kredite werden sofort fällig und der Hausbesitzer verliert sein Eigentum. Der Restwert der Immobilie, selbst wenn sich ein Käufer dafür findet, ist in solchen Zeiten der Immobilienkrise extrem gering. Die USA machen grundsätzlich lieber Weltpolitik, als Sozialpolitik im eigenen Lande.

Das globalisierte Kapital, auf der Grundlage der schon bei Marx durchaus richtig erwähnten „Illusion einer Wirklichkeit", fängt an sich in Luft aufzulösen. Was dies langfristig bedeuten kann, ist klar, eine Weltwirtschaftskrise, wenn nicht frühzeitig andere realere Märkte für den Kapitalfluss gefunden werden.

Dabei in den Warenmarkt zu gehen, hat sich bereits als das falsche Signal herausgestellt.

Gerade die ärmeren Länder werden damit nur durch künstlich aufgeblähte Lebensmittelpreise in den Hunger getrieben. Dies aber gefährdet letztlich den Weltfrieden.

Die Krise des Dollars ist nicht auf dem Höhepunkt, sondern am Anfang. Es darf nicht vergessen werden, dass insbesondere die Bank of Amerika sich auffällig bedeckt hält. Mit Windowdressings (kurzfristige Kredite an die Bank über die Monats- und Jahresabschlüsse hinweg) kann eine Katastrophe noch einige Jahre buchhalterisch versteckt werden.

Europa steht an einer Wegkreuzung, einige Jahre noch steht es Europa frei sich zu entscheiden, aber irgendwann dürfte es zu spät sein und dann könnte die Welt über Europa entscheiden.

Manipulation der Massen

Um die Eingangsanalyse richtig zu bewerten und auch die weiteren Entwicklungen, schadet es nicht sich mit Manipulationstechniken etwas näher zu befassen. Wie schon Le Bon einst richtig bemerkt hat, wer eine Masse von Menschen erfolgreich manipulieren will, muss bei den Urängsten der Menschen anfangen.

Nichts wirkt nachhaltiger als der Mechanismus von Angst durch Bedrohung. Wer Ängste auslösen kann, operiert psychologisch auf einer emotionalen Ebene, die bewusst von den meisten Menschen nicht kontrolliert werden kann. Die CIA führte in den 50er Jahren wissenschaftliche Forschungen im Bereich - Angst als Manipulationsmittel und anschließende Massenneurose - durch. Die damals gedrehten Forschungsvideos finden sich zum Teil im Internet.

Angst kann auch durch Funkwellen unsichtbar ausgelöst werden und bis zur Panik führen. Entsprechende Feldversuche werden ganz offiziell in englischen Stadtzentren gegen Wohnungslose verwendet, kamen aber auch schon gegen Demonstranten zum Zug. Menschen reagieren mit Unwohlsein und Panikattacken, wenn Wellen in einem bestimmten MHz Bereich ausgesendet werden. Diese Waffen werden auch als so genannte Hochfrequenzwaffen bezeichnet. Es soll jetzt bereits Hochfrequenzwaffen geben, die nicht nur Angst auslösen, sondern das zentrale Nervensystem ausschalten. Der Mensch ist nicht mehr fähig klar zu denken oder rational zu handeln.

Damit kann man aber nicht ganze Länder manipulieren und vor allem ergibt sich keine langfristige Wirkung. Hier setzt die Manipulation durch Massenmedien ein. Ein kalter Krieg ohne irreale Ängste vor einem Atomkrieg?

Warum irreal? Was hätte eine Atombombe genutzt? Nicht nur, dass man ganze Landstriche verseucht hätte, sondern durch Niederschlag hätte sich die Radioaktivität nicht auf einzelne eng begrenzte Gebiete beschränken lassen. Spätestens seit Tschernobyl sollte dies auch Leuten ohne spezielle Kenntnisse von Physik und Meteorologie bewusst sein.

Was wäre die Welt Heute ohne den 11. September? Dabei ist es vollkommen egal, ob die CIA einfach versagt oder der Inszenierung nachgeholfen hat. So oder so, die USA konnten von diesem Ereignis in einer Art und Weise profitieren, die allen Menschen zu denken geben sollte. Wie weit würde ein Herr Schäuble mit seinen Überwachungsgesetzen ohne den 11. September kommen. Wer wäre schon bereit biometrische Pässe zu akzeptieren ohne die diffuse Angst vor Terroristen. Wer würde sich schon freiwillig unter Generalverdacht stellen lassen? Und wer glaubt an das Märchen, dass Überwachungskameras Innenstädte sicherer machen?

Um solche Maßnahmenkataloge durchzusetzen, braucht es in einem Rechtsstaat tatsächlich eine Massenneurose. Damit man eine solche kollektive Neurose erzeugen kann, benötigt es vor allem ein Angstszenario. Wie bei allen Szenarien ist die Grenze, wann diese Angst in z.B. Pogromen - gegen das, wovor man sich angeblich zu fürchten hat - umschlägt, sehr dünn. Aus dem Grunde muss zuerst ein Mythos aufgebaut werden oder alte Mythen wiedererweckt werden. Zurzeit geschieht dies mit dem Mythos Islam und Atombomben. Der Islam taugt gut, viele Menschen haben Angst vor dem, was ihnen fremd und unbekannt erscheint. In Deutschland wird der Mythos durch die Türken symbolisiert. Dunkelhaarige Menschen mit einer guturalen Sprache. Aufklärung in Schulen, was der Islam eigentlich als Ethik lehrt und dass der Islam wie alle Religionen nun mal auch Konkurrenz durch Sekten aus den eigenen Reihen hat, könnte diese Berührungsängste nehmen. Stattdessen wird ein Kopftuchverbot verhängt und damit der Islam noch mehr mythologisiert.

Was nützen alle Aufklärungen über den Holocaust, wenn sich Staaten einfach neue Opfer für Manipulationen aussuchen?

Dabei liegt der Schluss nahe, dass der Islam kontinuierlich in den letzten 40 Jahren als zukünftiger Bösewicht aufgebaut wurde. Nicht nur die Taliban wurden von den USA finanziert, sondern als Gegengewicht zur PLO, die von der Sowjetunion finanziert wurde, kümmerten sich die mit Israel befreundeten USA ausgerechnet um den Aufbau der Hamas. Damit erreichte man vor allem auch in Europa, dass sich keine kritischen jüdischen Stimmen gegen die Verteufelung des Islams zu Worte melden. Tatsächlich könnten solche Stimmen klare Signale setzen. Wer, wenn nicht diese Kreise, hätte das Recht sich gegen ethnische Verallgemeinerungen zu wehren? Nur hat man diese Stimmen von vornherein zum Verstummen gebracht.

Ganz plump sehen wir ein Szenario aus dem tiefsten Mittelalter vor unseren Augen hochziehen.

Moraltriefend versucht man andere Lebensweisen und Kulturen zwangsweise zu europäisieren, wo ist der Unterschied zur Zwangstaufe der Spanier und Italiener im Mittelalter?

Warum sollen andere Menschen nicht anders leben? Was ist daran demokratisch?

Die nächsten Kriege, dies wird im weiteren Verlauf noch aufgezeigt werden, benötigen schon deswegen keine Atomwaffen, weil der Einsatz von Atomwaffen sinnlos ist. Wer auf Bodenschätze aus ist, hat nichts davon, wenn er über Jahrhunderte ein Gebiet gar nicht mehr betreten kann.

Diese einfache Erkenntnis führt zum riesigen amerikanischen Verteidigungsbudget.

Selbst wenn der Iran eine Atombombe hätte, so ist sie wie alle Atombomben dieser Welt in erster Linie als Abschreckungsszenario zu verstehen. Hätten die USA den Irak angegriffen, wenn Sadam über Atombomben verfügt hätte? Wer die Antwort mit Nein beantwortet, versteht damit auch die Absicht des Iran.

Mit der Formel „Iran als Achse des Bösen" haben die USA das iranische Volk nur konsolidiert und damit der Opposition der Mullahs keinen Dienst erwiesen.

Die Angst vor Atomwaffen aufrecht zu erhalten, gehört in Zeiten, in denen an ganz anderen Waffentechniken gearbeitet werden, zu den Medientricks.

Je früher allfällige High-Tech Szenarien die Öffentlichkeit erreichen, umso größer die Chance, dass man deren Entwicklung zumindest durch Proteste verzögern kann.

Neue Technik, neue Kriege

Fast unbemerkt von der breiten Öffentlichkeit, arbeiten viele Staaten mit Hochdruck an neuen Technologien. Ihre Basis ist das heutige Wissen um den physikalischen Raum. Um das, was unseren Körper ausmacht, die DNS. Wissenschaften wie Molekularbiologie und die Biochemie, die Heute interdisziplinär mit der Physik zusammenarbeiten.

Der Öffentlichkeit verkauft man Häppchenweise die Nebenprodukte aus diesen Disziplinen: bessere Medikamente, längeres Leben, optische Verjüngung ohne Skalpell, leicht abwaschbare neue Oberflächen und schnellere Computer. Nicht zu vergessen, das Saatgut der Firma Monsanto.

Womit und mit welchen Auswirkungen, fernab der Haushaltstechnologie, werden wir in den nächsten Jahren konfrontiert werden?

Nanotechnologie

Wenn das Innere der Materie jede Vorstellung sprengt, sind wir im Nanobereich angekommen. Um es etwas plastischer darzustellen, bewegen wir uns kurz ins Tierreich, konkret zum Leser nach Hause. Die Wohnung und der Mensch sind voll von Kleinstlebewesen, die man nicht sieht (zum Glück, denn sie sind selten niedlich). Egal wie man schrubben würde, es wimmelt überall von ihnen und ohne sie würden wir nicht nur Allergien bekommen, sondern auch neue

Krankheiten. Viren und Bakterien sind die Mikrolebewesen. Wir sehen sie nicht und dennoch sind sie größer als ein Nano. 1 DNS Molekül besteht aus 2 Nanometer, ein einziges Haar 50 000 Nanometer. Die Nanophysik bewegt sich dort, wo unsere Phantasie nicht mehr hinreicht. Diese Technologie macht es möglich, dass aus dem riesigen Knochen namens Mobiltelefon der 80er Jahre, mit dem man wirklich nur telefonieren konnte, schlanke dünne Alleskönner geworden sind.

Nano kann und wird auch immer mehr in Komplimentärwissenschaften eindringen. Doch wie alle Forschungszweige, die mit Unsummen gesponsert werden, ist vor allem der militärische Bereich derjenige, den wir uns kritischer ansehen sollten. Die meisten Informationen über Waffen der Neuzeit sind natürlich „classified", d.h. unter Verschluss.

Die USA forschen zurzeit gesichert in folgenden Bereichen:

"Nanoweaponry"

Nano-Tuben
Gelten im Militär als "classified" (nicht so in der Privatwirtschaft). Nano-Tuben sind Transportersysteme. Diese können im Verteidigungsbereich besonders in biochemischen Waffen, elektronischen Waffensystemen auf der Mikrowellentechnik basierend und der Molekularbiologie angewendet werden.

SPSS

Unter SPSS versteckt sich eine neue Generation an Protonenwaffen: Short-Pulse Spallation Source Enhancement Project (SPSS) des Los Alamos Neutron Science Centers, das mit der University of California verbandelt ist.

Weiterhin folgende Bereiche:

Plasmabomben

Versengen alles innert Sekunden. Das Problem war bis zur Nanophysik die Bildung von Plasma künstlich zu erzeugen. Aus der Plasmabombe könnte theoretisch eine Plasmakanone werden, die von Trägersatelliten aus abgeschossen werden könnte. Um eine Plasmabombe zu bauen, braucht es Mikrowellen.

Nanobomben

Werden zurzeit auch offiziell von den Russen in der Barentssee getestet. Ihre Wirkung ist vergleichbar mit der einer modernen Atombombe, ohne aber das Gebiet zu verseuchen und damit unzugänglich zu machen. Zudem ist ihr Gewicht gering, ohne damit an Schlagkraft zu verlieren. Inwieweit sie von Trägersatelliten abgeschossen werden könnten ist unklar, aber als Ziel zu vermuten.

Mikrowellenwaffen

Mikrowellenwaffen sind bereits im Irak zum Einsatz gekommen. Durch Wände hindurch können allfällige Gegner getötet werden. Der Gegner wird sprichwörtlich verdampft.

Die Waffen funktionieren genauso, wie der Mikrowellenherd. Wassermoleküle als Leiter werden zum Schwingen gebracht und erwärmen sich innerhalb von Sekunden. Da der Mensch zu 60 Prozent aus Wasser besteht, dürfte die Reaktion klar sein.

"Non Lethal Defense"

Memischer Krieg

Bezeichnung für den Kampf von Molekülen im eigenen Körper. Kann mit Hilfe von Nanomedizin und DNS als Manipulation der Zellen auf der molekularen Ebene für das Töten von Menschen mit gleichartigen DNS Strukuren angewendet werden. Als ethnische Waffe der Zukunft durchaus vorstellbar. Theoretisch kann man sich es so vorstellen, dass eine Medizin als Nanostaub versprüht wird, die ein schnell wachsendes Karzinom verursacht, aber nur Leute befällt, die ein Gen für schwarze Haare besitzen, schwere Augenlider oder hohe Wangenknochen. Das Gleiche lässt sich auch mit modifizierten Viren erwirken, könnte aber langfristig aufwendiger und schwieriger sein. Geforscht wird in diesem Bereich ganz offiziell als „Medizin der Zukunft", individuell auf jeden einzelnen Menschen zugeschnitten, nicht um Krebs zu erzeugen, sondern um ihn zu heilen.

Carbon Dioxid Attack

Blutplasma, das mit Carbon Dioxid aufgepeppt wird, um Körper-Temperaturen zu beeinflussen.

Etwas spekulativer aber denkbar:

Atom-Bugger

Hoffnung der Nano-Molekularbiologie ist grundlegend, die atomare Struktur des Körpers manipulieren zu können. Wenn es einmal möglich ist, jedes Molekül im menschlichen Körper zu lokalisieren, könnten auch einzelne Moleküle über eingeschleusten Nanostaub gezielt neu skaliert und verdoppelt werden. Atom-Bugger bezeichnet eine künstlich produzierte Krebserkrankung, die rasant ablaufen kann und dann zum Platzen führt, oder eine langsame und qualvolle Erkrankung.

AI-Nanocomputing

Bakteriensysteme, die sich im Körper einnisten und steuerbar bleiben, ein wichtiger Faktor, damit die "eigenen" Leute nicht befallen werden.

Das Ausschalten oder Beeinflussen von ganzen Menschenmassen durch Wellen, die man theoretisch per Satellit ausstrahlen könnte.

Ultrakurze Laserimpulse

Das Berkeley-Labor arbeitet an mikroskopischen, neuen Trägern, die nur eine Millionstel Sekunde ausmachen und unbemerkt bleiben. Sie können unter anderem auch im Plasmabereich angewendet werden.

Haarp-Projekt

Ein offizielles Experiment des Pentagons. Nach der offiziellen Version wird beim Haarp-Projekt versucht, mit

Hilfe der Plasmaphysik drahtlose Signale über die Ionosphäre zurück zur Erde schicken zu können. Eignet sich aber auch zur Gehirnstrommanipulation und damit zum Ausschalten von Menschen ganzer Städte. Von Desorientierung bis zum Wahnsinn ist da alles möglich.

Neuro-Random-Crossing
Gehirnneuronen sollen per Zufallsanordnung überkreuzt werden und stören so den Gehirnkreislauf.

Transneuronik
Auch als "Group Mind Weapons" bekannt. Die Technik beruht auf der Erforschung der Kommunikation von rechter und linker Gehirnhälfte und ihrer Vertauschung, was eine Desorientierung zur Folge hätte. Das US Global Strategy Council arbeitet offiziell an dieser Technologie.

Viele dieser auf den ersten Blick futurologischen Ideen sind ohne Probleme mit Hilfe von Wellen umzusetzen und theoretisch auch via Satellit anwendbar. Fast unbemerkt von der Öffentlichkeit wurde vor drei Jahren in der russischen Presse bekannt gegeben, dass drei riesige Satellitenanlagen im Dreieck in einiger Entfernung zu Moskau in Betrieb genommen wurden. Tatsächlich wäre es denkbar durch einen Schutzschirm solche Attacken abzuwehren. Städte unter einem Schild schützen und durch elektronische Gegenströme die Wellen zu reflektieren. Dies dürfte vermutlich auch der Sinn dieser Anlagen sein.
Es gibt bereits kritische Stimmen, wie Jürgen Altmann,

Experimentalphysiker an der Universität Dortmund, der klar eine Begrenzung für die Nutzung von Nanotechnologie im Rüstungsbereich fordert.

Unschärferelation und Nichtlokalität

Ein Elementarteilchen ist nichts, was sich klar bestimmen lässt. Misst man seine Geschwindigkeit (Impuls), geht ZWANGSLÄUFIG die Information seines genauen Ortes verloren, misst man seinen genauen Ort, verliert man NOTWENDIG die Information seiner genauen Geschwindigkeit. Dieses Phänomen ist als Heisenbergsche Unschärferelation bekannt.

Für gewisse andere Quanteneffekte gilt darüber hinaus, dass sie unserer Alltagsvorstellung vom Raum völlig widersprechen. Schickt man einen Laserstrahl durch einen Kristall mit zwei verschiedenen optischen Achsen, erhält man Zwillingsphotonenpaar, auch Diphoton genannt. **Diese "vermeintlich Zwei bleiben ein Ganzes", physikalisch ausgedrückt: sie befinden sich in einem überlagerten Zustand. Diese Überlagerung ist nichtlokal, sie bleibt unabhängig von der Entfernung der beiden "Zwillingsphotonen" (=Diphoton) bestehen und ist durch die klassische Physik nicht beschreibbar.** Das Diphoton bildet eines, ein System, egal wie weit seine verschränkten Photonen voneinander entfernt sind.

Forscher der Universität Wien unter Anleitung von Anton Zeilinger konnten auf Basis dieser Nichtlokalität (oder Nicht-Separabilität) Lichtteilchen über eine größere Distanz teleportieren. In der Wiener Kanalisation unter der Donau wurde ein 800 Meter langes Glasfaserkabel verlegt und damit Quantenzustände von Photonen 600 Meter weit teleportiert.

Genetische modifizierte Viren

Ein Virus namens SARS (schweres akutes Atomsyndrom) tauchte im November 2002 in der Provinz Guangdong auf. Dabei handelt es sich um ein verändertes Coronavirus. Die Krankheit breitete sich dann von China nach Vietnam und Hongkong aus. Mehr als 80 Prozent der Erkrankungen brachen in China aus. Bis auf ganz wenige Ausnahmen waren die Erkrankten Asiaten. Seit Dezember 2003 ist das Virus, ja was, verschwunden?

Der Hongkonger Mikrobiologe Yuen Kwok Yung sagte auf einer Konferenz mit mehr als 2000 Wissenschaftlern, er halte es für möglich, dass das SARS-Virus zu einer Biowaffe entwickelt werden kann.

Kann oder war? Wie heißt es so schön, „wer wissen will wer es war, frage sich, wer könnte davon profitieren?"

Tatsache bleibt, genetisch modifizierte Viren sind machbar, genauso wie genetisch modifizierte Pflanzen.

Gentechnik

Wie bei jeder wissenschaftlichen Forschung, ist das Objekt der Forschung weder gut noch schlecht. Das entschlüsselte Genom hilft zumindest Tendenzen von möglichen Krankheiten vorauszusagen. Wie bei jeder Voraussage ist es aber eine von vielen Möglichkeiten. Bereits jetzt kann man seine Gene freiwillig an Labors einschicken und bekommt per Internet für 1000 Dollar die schon erforschten Resultate. Was dabei verschwiegen wird, die eigene DNS ist damit aber erfasst und wird nicht gelöscht. Das Resultat kann wie bei einer simplen Wahrsagerei auch zur Selbstprophezeiung führen. Der Wunsch oder der Schrecken kann hier der Vater der Taten werden. Denn nur die Tatsache, dass man theoretisch genetisch an einer bestimmten Krankheit erkranken könnte, heißt nicht, dass man daran erkranken wird. Es ist eine Tendenz.

Von schweren und seltenen Erbkrankheiten abgesehen, ist der Nutzen des Wissens um die eigenen Gene auch kostenlos durch die Beobachtung vorheriger Familiengenerationen zu erlangen. Wessen Großeltern alt wurden, hat eine gute Chance ebenfalls alt zu werden. Wessen weibliche Vorfahren an Brustkrebs litten, hat ein erhöhtes Risiko und sollte vermehrt zu Vorsorgeuntersuchungen. Diese Methode ist auf jeden Fall diskreter und schon seit vielen Jahren bekannt.

Die Genforschung macht aber nicht beim Menschen halt. Eigentlich genial, Nutzpflanzen, die die Menschen schon vor Tausenden von Jahren aßen, werden modifiziert. Schon lässt sich mit der Natur Geld verdienen. Dabei sind die Ansprüche an Unbedenklichkeitstests geringer, als für Baumaterialien.

Da lebt dann ein Lattich drei Wochen im Kühlschrank und ist noch immer knackig frisch. Wenn der Kartoffelkäfer nicht mehr an der Kartoffel knabbert, weil er darin stirbt, sollte man sich vielleicht überlegen, ob man sich nicht besser am Käfer orientiert.

Europa 2020

Szenario 1. In der Außenpolitik stehen die Europäer mit der Nato gemeinsam im Mittelpunkt kriegerischer Auseinandersetzungen in arabischen Staaten. Der Angriff auf den Iran 2015 hat weite Teile der Schiiten politisiert. Selbst die irakischen Schiiten, die sich einst durch Hussein und dessen sunnitischen Regierung unterdrückt fühlten und bereit waren für die Amerikaner als Opposition zu agieren, haben sich gemeinsam mit den Aserbaidschanern (85 % Schiiten) zusammengetan. Hinzukamen die in Saudi Arabien wohnenden Schiiten, die zwar nur rund 20 Prozent ausmachen, aber alle in den Regionen mit großen Erdölfeldern leben und die libanesischen und türkischen Schiiten. Vom Bosporus bis zum Libanon herrscht hektische diplomatische Aktivität. Es gibt Zeiten, wo die Frage nach Sunniten und Schiiten in den Hintergrund tritt. 2020 ist eine solche historische Zeitenwende.

Russland versucht für Indien eine friedliche Lösung mit Pakistan zu finden und bietet sich an, mit Syrien und einigen anderen arabischen Staaten für Europa zu verhandeln.

In Afghanistan herrschen wieder die Taliban, nachdem die Amerikaner auf Druck der amerikanischen Öffentlichkeit bereits 2016 abziehen mussten.

In Europa wurde der RFID Chip bei den ersten Krankenkassen eingeführt. Wer nun medizinische Hilfe auf Krankenschein will, muss sich einen Chip unter die Haut spritzen lassen.

Die Weltwirtschaftskrise durch die Einführung nach dem NewDollar 2019 hat in einigen europäischen Ländern zu bürgerkriegsähnlichen Zuständen geführt.

Insbesondere davon betroffen sind Frankreich, Spanien, Polen und Rumänien.

In einigen **europäischen Städten** sind Wohngebiete, die als soziale Spannungsfelder bekannt sind, nachts nur noch mit elektronischer Zutrittsberechtigung zugänglich. In diesen Gebieten gilt eine nächtliche Ausgangssperre. Zuwiderhandlungen werden durch Kürzungen der Sozialbezüge und der Renten geahndet. In Innenstädten werden durch Ablesen der Sozial RFID Chips Täter sofort gefasst und bis zum Ende der Ausgangssperre in speziellen Polizeicontainern untergebracht.

Die Gesellschaft hat sich in zwei Klassen gespalten, in diejenigen, die Arbeit haben, über ein gutes Einkommen verfügen, sich gesund und natürlich ernähren. Mobil, gut ausgebildet und gesund sind. Die andere Gruppe setzt sich aus Arbeitslosen, Menschen mit mangelnder Ausbildung und alten Menschen mit geringen Renten zusammen.
Diese Gruppe gilt als schlecht ernährt, mit starkem Übergewicht und daraus resultierenden Krankheiten. Ihre Ernährung besteht vor allem aus unnatürlichen Lebensmitteln. Um das Gesundheitssystem nicht weiterhin so stark zu belasten, wurde ein Krankheitspunktesystem eingeführt.
Die zweite Gruppe hat nur noch Anspruch auf eine

medizinische Mindestversorgung.

Südamerika unterstützt jugendliche Antifagruppen und linke Gruppierungen, die versuchen sich einer weiteren Verschlechterung der Randständigen der Gesellschaft entgegenzustellen. Aufklärung aus dem Untergrund und spektakulären Inszenierungen sollen auf die systematische Zerstörung der Menschenrechte hinweisen.

Wer kein Mobiltelefon besitzt, macht sich bei Razzien verdächtig und kann bis zu 24 Stunden festgehalten werden.

Religiöse Sekten und Neonazis breiten sich praktisch ungehindert aus.

Szenario 2   In Amerika herrscht nach der Einführung des NewDollar 2019 Bürgerkrieg. Straßenplünderungen sind an der Tagesordnung. Einige amerikanische Städte sind für farbige Minderheiten gesperrt. Insbesondere New York, Boston, Washington (ausgenommen sind farbige Regierungsmitarbeiter), Los Angeles und San Diego. Wer bei Unruhen auffällt, kann verhaftet werden und wird sofort in die Armee eingezogen. Die USA haben große Armeekontingente im schwarzen Meer und am Golf.

Die Uno hat sich aufgelöst, nun haben sich Blöcke gebildet: Der eurasische Raum Russlands zusammen mit China und Indien, sowie Europa mit den USA, Kanada, Japan und Australien als zweiter großer Block.

Die Wirtschaftskrise hat Europa fest im Griff. In einigen europäischen Ländern herrschen bürgerkriegsähnliche Zustände. Insbesondere in Polen, Rumänien, Bulgarien und Frankreich.

In Europa wurde der RFID Chip bei den ersten Krankenkassen eingeführt. Wer nun medizinische Hilfe auf Krankenschein will, muss sich einen Chip unter die Haut spritzen lassen. Das Gleiche gilt für Sozialhilfeempfänger. Ohne Chip keine Sozialhilfe.

In einigen **europäischen Städten** sind Wohngebiete, die als soziale Spannungsfelder bekannt sind, nachts nur noch mit elektronischer Zutrittsberechtigung zugänglich. In diesen Gebieten gilt eine nächtliche Ausgangssperre. Zuwiderhandlungen werden durch Kürzungen der Sozialbezüge und der Renten geahndet. In Innenstädten werden durch Ablesen der Sozial RFID Chips Täter sofort gefasst und bis zum Ende der Ausgangssperre in speziellen Polizeicontainern untergebracht.

Die Gesellschaft hat sich in zwei Klassen gespalten, in diejenigen, die Arbeit haben, über ein gutes Einkommen verfügen, sich gesund und natürlich ernähren. Mobil, gut ausgebildet und gesund sind. Die andere Gruppe setzt sich aus Arbeitslosen, Menschen mit mangelnder Ausbildung und alten Menschen mit geringen Renten zusammen. Diese Gruppe gilt als schlecht ernährt, mit starkem Übergewicht und daraus resultierenden Krankheiten. Um das

Gesundheitssystem nicht weiterhin so stark zu belasten, wurde ein Krankheitspunktesystem eingeführt. Die zweite Gruppe hat nur noch Anspruch auf eine medizinische Mindestversorgung.

Südamerika unterstützt jugendliche Antifagruppen und linke Gruppierungen, die versuchen sich einer weiteren Verschlechterung der Randständigen der Gesellschaft entgegenzustellen. Aufklärung aus dem Untergrund und spektakulären Inszenierungen sollen auf die systematische Zerstörung der Menschenrechte hinweisen.

Wer kein Mobiltelefon besitzt, macht sich bei Razzien verdächtig und kann bis zu 24 Stunden festgehalten werden.

Es schallt „Deutschland den Deutschen" durch die Straßen.

Russland leistet massive Ernährungshilfe nach Afrika und einigen asiatischen Staaten. Der Biosprit, der pro Liter Benzin 6 Brote benötigt, hat durch den Weltmarktpreis für Korn Grundnahrungsmittel für Drittweltländer unerschwinglich gemacht.

Gruselig? Es ist reine Science Fiction, die Realität wird nicht ganz so schlimm sein wie die hier dargestellten Szenarien. Wenn aber auch nur 10 Prozent, der hier vorgeschlagenen Szenarien, auf die eine oder andere Weise eintreten, hat Europa reale Probleme.

Viel realer gestaltet sich folgendes Szenario:

Szenarioboden Kissinger schrieb 1991: „Es kann in niemandes Interesse liegen, wenn sich Deutschland und Russland gegenseitig als Hauptverbündete betrachten. Wenn sich beide Mächte zu nahe kommen, besteht die Gefahr der Hegemonie."

Kissinger hat mündlich auch geäußert: „Die USA würden niemals tatenlos zusehen, wie sich Europa mit Russland einigt."

Zbigniew Brzezinski, der Europa als US Protektorat ansieht, ist bereits als außenpolitischer Berater für Obama bestätigt. Er steht auf dem Standpunkt, man habe die Chancen zu einer unipolaren Welt nach dem Zusammenbruch der Sowjetunion zu wenig genutzt. Insbesondere mit China solle man in Verhandlungen treten, in der Hoffnung Russland damit zu isolieren. Weiterhin steht Brzezinski im Ruf, religiös motivierte Fehden nicht zu verstehen und wird eventuell versuchen Druck auf Israel auszuüben, was ohnehin mit einem zurzeit 20prozentigen Anteil von Menschen aus der ehemaligen Sowjetunion für Brzezinski Sinn macht. So bestärkt wäre eine Massierung von terroristischen Anschlägen zu vermuten.

Nur anders als in den früheren Jahren, könnte die Antwort darauf von Seiten Israels massiv ausfallen. Damit wären die Amerikaner aber als Beschützer dieser Welt plötzlich unter starkem Druck.

Brzezinski sieht den Eurasischen Raum als Schachbrett auf dem Weg zur einzigen Weltmacht. Da ihm aber wie vielen Amerikanern das Verständnis dafür abgeht, dass die Welt nicht aus einem ethischen Einheitsbrei besteht, könnte das Ganze in einem Chaos enden.

Der NewDollar wird kommen. Es spielt keine Rolle, ob morgen oder übermorgen. Ob 2015 oder 2030. Das Resultat wird das Gleiche sein, innert kürzester Zeit werden ganze virtuelle Vermögen verschwinden. Die unteren Bevölkerungsschichten werden dafür die Zeche bezahlen.

Auch die Mittelschicht wird leiden, dennoch wie sich historisch zeigt, Mittelschicht ist immer Mittelschicht selbst unter ungünstigen Vorzeichen.

Brzezinski ist davon beseelt unter allen Umständen das Aufkommen einer zweiten Macht auf der Welt um jeden Preis zu verhindern. Er gehört zu den engsten Beratern demokratischer Präsidenten, so unter Clinton als auch jetzt unter Obama.

Ist aber Europa um jeden Preis dazu bereit? Nicht so sehr die Politiker, sondern vor allem die Wirtschaft und Bevölkerung?

Der Georgienkrieg hat gezeigt, dass ein tiefer Riss durch die europäische Gesellschaft geht, rund 48 Prozent der Bevölkerung fühlt sich in Deutschland von den Massenmedien über Russland falsch informiert.

Zum ersten Mal in der Geschichte entsteht eine große Front gegen die Idee, dass die Presse in Europa wirklich so frei ist, wie seit Jahrzehnten behauptet. Die Hälfte der Bevölkerung fühlt sich von ihren gewählten Volksvertretern nicht wirklich vertreten und dem massiven Medienkrieg wird nicht mehr einfach geglaubt. Die Stimmen, die eine direkte Demokratie fordern, werden lauter.

Weltwirtschaftskrise, gepaart mit amerikanischem Hoheitsanspruch, wird auch in Europa zum Chaos führen. An Europa als amerikanischem Verbündeten könnten plötzlich Ansprüche gestellt werden, die die Bevölkerung Europas nicht erfüllen will.

Als Beispiel mag das Engagement der Bundeswehr in Afghanistan gelten. Was deutsche Soldaten am Hindukusch machen, ist unklar.

Schäubles Sicherheitswahn als zukünftige Kontrollmechanismen? Darüber lässt sich lediglich spekulieren, und jeder muss diese Frage für sich selbst beantworten.

Europa möchte einen einheitlichen politischen Raum schaffen. Ein solcher Raum wäre auf der Basis des Vertrages von Lissabon das Ende staatlicher Souveränität. Der so genannte EU Reformvertrag lässt tief blicken, wird aber bei 448 Seiten nur von einer Minderheit aufmerksam gelesen. Wenn Unternehmertum und die Freiheit der Waren den gleichen Schutz wie die Freiheit der Menschen genießen, mag dies neoliberale Herzen höher schlagen lassen, lässt jedoch einer sozialen Katastrophe in Europa großen Raum.

Der Vertrag zeigt vor allem ein Demokratiedefizit.

Hier nur einige Punkte:

- Das EU Parlament hat kein Mitspracherecht in der Sicherheits- und Außenpolitik.
- EU Institutionen erhalten verstärkte Kompetenzrechte.

Wofür braucht man das EU Parlament, wenn dieses weder eigene Gesetze einbringen kann noch den Ratspräsidenten wählen?

Ein Versuch durch die Hintertüre die Demokratie in weiten Teilen zu degenerieren.

Bio-Ökonomie I

Der natürliche Zustand der Menschen untereinander und zu ihrer Umwelt ist der, der evolutionären Konkurrenz. Die freie Marktwirtschaft ist dieser Natur nachgebildet und sorgt in modernen Gesellschaften für die Auslese der Besten. Die Behauptung von Kulturwissenschaftlerinnen, dass dies umgekehrt zu sehen sei, und dass die Theorie der evolutionären Konkurrenz entstanden sei auf Grund der Projektion der Ideologie der freien Marktwirtschaft in die Natur, wird durch jeden Grippevirus widerlegt.
Zitat aus „Ein utopischer Text über den Alltag in der EU der

Zukunft, bei Fortschritt der neoliberalen Agenda", (3tes-jahrtausend.org/europaeische_union/eu_zukunft.html).

Die Gesellschaft wird sich in zwei Klassen spalten, in diejenigen, die Arbeit haben, über ein gutes Einkommen verfügen, sich gesund und natürlich ernähren. Mobil, gut ausgebildet und gesund sind. Die andere Gruppe wird sich aus Arbeitslosen, Menschen mit mangelnder Ausbildung und alten Menschen mit geringen Renten zusammensetzen. Diese Gruppe gilt als schlecht ernährt, mit starkem Übergewicht und daraus resultierenden Krankheiten. Arme essen keine natürlichen Lebensmittel mehr. Gemüse nur genmodifiziert, Fleisch zum Teil künstlich gewachsen. Um das Gesundheitssystem nicht weiterhin so stark zu belasten, wird ein Krankheitspunktesystem eingeführt. Die zweite Gruppe hat nur noch Anspruch auf eine medizinische Mindestversorgung.

Revolution in Europa

Europäer sind keine geduldigen Bürger. Wir lernen schon als Kind, wenn wir etwas wollen, müssen wir es direkt sagen. Wenn wir etwas gefragt werden, müssen wir sofort „Ja" oder „nein" sagen. Man wird uns nicht, wie in Russland üblich, dreimal fragen. Mit dieser Erkenntnis werden wir großgezogen, entweder ja oder nein, und zwar sofort.

Bereiten sich Brzezinskis Europaeliten nicht genau darauf vor? Die Bilderberger vielleicht nicht nur eine reine

Verschwörungstheorie. Eine Europäische Elite, die des Geldes willen und der Machtfragmente, die man ihnen zuwirft, bereit sind die USA unter allen Umständen als Zukunft Europas zu sehen.

Die Frage ist, kann die USA überhaupt noch diesen Zukunftsglauben erfüllen. Alles deutet darauf hin, die Antwort ist „Nein". Der Club of Rome[3] besteht weder aus Dilletanten noch aus Kommunisten. Dennoch ist die Meinung einhellig, es gibt Grenzen des Wachstums und nur der Mauerfall hat diesen Grenzen Zeitaufschub gegeben.

Was wäre so schlimm daran, sich auf die historischen kulturellen Werte zu berufen? Den goldenen Käfig, in dem die meisten sitzen, einfach zu zertrümmern. Soziale Marktwirtschaft und nicht Shareholder Value. Regionale Versorgung und keine Tiefkühlpizza unter italienischer Lizenz, in Peking hergestellt, zu futtern. Was wäre so schlimm daran, vielleicht seine Gebrauchsgegenstände nicht mehr in einem Billiglohnland mit schlechten Arbeitsbedingungen und einem Gehalt am Existenzminimum zu produzieren, sondern wieder vor Ort. Die Gegenstände werden teurer, nur wäre das wirklich so schlimm. Dem entgegen steht die Schaffung neuer Arbeitsplätze und nicht Stellenabbau. Eine Chance gerade auch für schlecht Ausgebildete, doch noch ein Einkommen zu finden. Die Schulbücher säubern vom Mief der Nachkriegszeit und vielleicht einige historische Punkte richtig stellen. Vielleicht auch mal den Namen des Vaters der chemischen Elemente nennen.

Aufhören zu denken man sei den USA irgendetwas schuldig. Die Kosten des zweiten Weltkrieges sind schon längst zurückbezahlt und moralisch hat man allen vier alliierten Mächten zu danken.

Komischerweise wird dabei aber noch immer eine Macht ausgeklammert. Bei der Kranzniederlegung am Ehrenmal für gefallene sowjetische Soldaten am Treptower Friedhof im Jahre 2000 war Putin mit den Russen unter sich. Obama steht aber 2008 an der Berliner Siegessäule.

200 000 Menschen sind bereit ihm zuzujubeln …, Deutsche, nicht Amerikaner.

Nein, die Gesellschaft, so scheint es, will sich selbst weiter degradieren und was kommt dann?

Vermutlich das böse Erwachen! Soziale Katastrophen, Rentenkollaps und unausgegorene Auslandsabenteuer.

Sterbende Tiger sollte man nicht am Schwanz ziehen.

Aber kann sich Europa überhaupt noch ohne grobe Mittel aus der Situation des Vasallenstaates retten?

Gibt es eine Möglichkeit die Souveränität zurück zu gewinnen?

Russland 2020 die II

Als die Europäer noch glaubten ein Bad zu nehmen mache krank, da war es für die Russen schon längst normal traditionell einmal pro Woche in die Banja zu gehen. Dem deutschen Universalgelehrten Humboldt steht der russische Gelehrte Lomonosov gegenüber. Mozart, Bach und Händel haben ihre Pendants in Tschaikowski, Mussorgski und Borodin. Zu vielen russischen Autoren fällt einem überhaupt kein Pendant ein. Wer ist der deutsche Puschkin, Dostojewski könnte man noch Kafka entgegenstellen, wem stellt man Tolstoj entgegen, Thomas Mann?
Anders formuliert: Russland gehört ohne Frage zum Kulturgebiet Europa.

Russland besitzt das, was Europa nicht hat und umgekehrt.

Russland besitzt Bodenschätze, riesige zum Teil noch absolut unangetastete Naturressourcen, tausende von Hektaren brachliegender Landwirtschaftsflächen und eine schlagkräftige Armee.

Letzteres nicht, um das arme kleine Europa zu überfallen, aber zur Not, um es zu schützen. Vergessen wir nicht, die USA besitzen Militärbasen mitten in Europa. Warum sollte also der Souveräne Staat Russland keine Armee haben.

Wenn sich Europa mit Russland einigt, hat Europa Marktvorteile in Ländern wie China und Indien.

Energieressourcen und einen wirtschaftlich florierenden Markt, der seinesgleichen sucht und auch in 12 Jahren noch nicht stagniert.

Eine Partnerschaft mit Russland kann nur zum gegenseitigen Nutzen sein.

Es gibt starke gemeinsame Interessen, die Europa ohne Russland ohnehin nicht lösen kann. Sicherheitsinteressen in Afghanistan (wobei man auch einfach sagen könnte, raus und fertig, aber dagegen sprechen US Piplinbaupläne), Energieversorgung in der Rüstungsindustrie, Russland als Finanzplatz und Russland als Pufferzone zu China, und nicht zuletzt als Partner bei Raumfahrtprojekten, wie dem 5 jährigen Flug zum Mars.

Russland hat gezeigt, dass es anders als die USA, ein verlässlicher Partner auch in schlechten Zeiten ist.

Wartet Europa aber ab bis die schlechten Zeiten anbrechen, dann könnte sich Russland auch auf den Standpunkt stellen: „Aha, jetzt wollen sie, aber vorher wollten sie nicht, vorher waren wir das Allerletzte".

Russen können manchmal durchaus wie beleidigte Primaballerinen reagieren.

Während die USA Europa in Zukunft in erster Linie schlechte Zeiten präsentieren werden, gilt für Russland genau das Umgekehrte.

Es ist Zeit Russland den Platz zuzubilligen, den sich das Land verdient hat.

Nicht Russland muss Heute die Welt fürchten, sondern die Schutzmacht USA. Die US Vorstellung von Menschenrechten in Abu Grahib und Guantanamo. Die Entführungen von Menschen aus ethischen Gründen und ihre Verfrachtung in Drittweltländer. All dies zeugt vom amerikanischen Verständnis von Menschenrechten und Demokratie.
Ob ein Präsident der USA Republikaner ist oder Demokrat, spielt dabei im Selbstverständnis amerikanischer Weltmachtansprüche keine Rolle.

Der Jugoslawienkrieg war ein Krieg unter einem demokratischen Präsidenten.

Der Schlachtruf „Yes, we can" von Obama kann auch als Drohung verstanden werden.

Der Schlüssel der Zivilisation – Kultur –

Solange wir der kollektiven Kultur, der kollektiven Zivilisation angehören, kann es keine Kreativität geben.
Krishnamurti

Was für eine Kultur und damit auch was für eine soziale Ethik soll uns gemäß Zukunftsstudien in den nächsten 12 Jahren präsentiert werden?

Die Studie www.zukunftsinstitut.de/downloads/ Sexstyles2010.pdf befasst sich unter anderem mit den Auswirkungen der heutigen Gesellschaft, die sich einerseits durch Vereinzelung des Einzelnen kennzeichnet, andererseits mit einer Gesellschaft, die Jahrzehnte länger lebt und einer Frauengeneration, die wirtschaftlich unabhängig von Männern existieren kann, aber auch der Generation der 68er angehört und sich sexuell freier formuliert als Frauen älterer Generationen. Die Studie bringt dies letztlich in Bezug zu unseren heutigen digitalen Medienwelten. Das Fazit lässt im Grunde schaudern, denn Emotionen und Sexualität werden darin nicht nur absolut getrennt, sondern zu einem reinen Konsumgut.
Dass erst die Sichtweise des Konsumierens die dort erwähnten Probleme insbesondere im normalen zwischenmenschlichen Bereich ergibt, scheint die Studie selbst nicht mal wahrzunehmen. So meint die Studie auf S. 32, Sex und Erotik gehören einfach zum Mainstream.
Sie gehörten einstmals ins Privatleben und sollten im Idealfall

etwas mit Gefühlen für den Partner zu tun haben. Nach Meinung dieser Studie soll dies in Zukunft obsolet sein. Zitat aus der Studie S.55 „Immerhin ist für 7 von 10 der über 40-Jährigen (Frauen wie Männer) Aussehen bzw. eine gute Figur *das wichtigste Kriterium bei der Partnerwahl*".

Sollte dies auch nur annährend zutreffen, so landen wir also direkt in einer Zukunft, die sich nur noch durch Äußerlichkeiten formuliert, wo nicht menschliche Qualitäten, sondern Oberflächlichkeit das Leben bestimmen. Wer hat mit 50 noch einen Waschbrettbauch? Wo ist die Relation zwischen den inneren Werten und den Muskeln? Attraktivität liegt im Auge des Betrachters und auch ein tadelloser Waschbrettbauch kann weder einen liebenswerten Charakter noch Bildung noch Herzenswärme ersetzen.

Wenn Menschen im Privatbereich nur noch nach Konsumgesichtspunkten entscheiden, wie werden diese Menschen im humanitären Bereich entscheiden? Wohin mit Arbeitslosen, mit Kranken, mit sehr alten Menschen, mit Gehandicapten etc.? Sie passen nicht in eine perfekte Welt, deren wichtigstes Gut das reine Design ist. Was passiert, man wird 50, 60 dann 70 und 80 ..., was, wenn dann das Design nicht mehr den Anforderungen entspricht? Einfach weg damit, der Mensch als reines Konsumgut? Oder lieber mit 60 in der Schönheitschirurgie an einem Herzinfarkt sterben, als mit Falten 80 werden?

Macht ein gestyltes Design klüger oder gar einen besseren Menschen aus einem?

Was, wenn solche Studien über die Massenmedien zur Wirklichkeit verkauft werden?

Gerade solche Studien sorgen dafür, dass die Gesellschaft sich noch weniger für so altmodische Werte wie Ehre, Güte, soziales Miteinander, Ethik und Moral einsetzen, sondern der Einzelne noch mehr auf eine Infantilitätsstufe von Kleinstkindern degeneriert, denen „ich" in erster Linie ein „ich" als egoistisches Verständnis von kurzfristiger oraler Befriedigung ohne Verantwortung und ohne ein Morgen zu eigen ist.

Zitat von Noam Chomsky *"Media Control: The Spectacular Achievements of Propaganda":*

The role of the media
in contemporary politics forces us to ask what
kind of a world and what kind of a society we
want to live in, and in particular in what sense
of democracy do we want this to be a democratic
society?

Wenn nun unter dem Gesichtspunkt - alles ist möglich und alles ist erlaubt - Moral und Ethik als altmodisch und konservative Wertehaltung verstanden wird, muss demgegenüber ein klarer Vorteil nicht nur für die Werbeindustrie vorliegen, sondern auch für die Politik.

Wer keine ethischen Maßstäbe hat, braucht sie auch nicht von der politischen Führung einzufordern. Was aber geschieht nun, wenn die Welt in all ihrer Moderne zu Grunde geht?

Tatsächlich ist Kultur immer ein Schlüssel, sowohl für das soziale Leben eines Landes oder einer Gruppe als auch die Basis auf der sich Politik und Wirtschaft formulieren sollte.

Wenn nun das Ziel einer „Kultur light" vor allem eine Spaßgesellschaft nach dem römischen System von Brot und Spiele ist und ebenfalls nach altem historisch, spätestens seit den Römern, bekannten Ergebnis endet, nämlich durch Dekadenz untergehende Epoche und Staat, so bleibt natürlich theoretisch als nahe liegendes Ziel die Renaissance, einer Zeit in der Kultur einen anderen Begriff und einen anderen Stellenwert in der Gesellschaft hatte. Wenn Reich-Ranicki öffentlich die Qualität von Fernsehen kritisiert, hat er genauso damit Recht wie Neil Postman, der einst davon überzeugt war, dass wir uns zu Tode amüsieren.

Wo aber liegt das Problem? Nicht an den modernen Medien und nicht am Fernsehen, sondern an der Erziehung. Kultur muss einem bereits im Kindesalter nahe gebracht werden. Lesen anstelle des Fernsehens, auch und gerade durch das Vorbild der Eltern. Konstruktionsspiele anstelle Computer und im Winter Spaziergänge in Museen und nicht in Vergnügungsparks. Literatur- und Kunstunterricht frühzeitig in der Schule als Pflichtfach können auch Abhilfe schaffen.

Viele Russen sind entsetzt, wenn Sie herausfinden, dass man nur mit Gymnasialbildung in Deutschland im Regelfall Goethe oder Dürenmatt in der Schule gelesen hat.

Russland mit seinem Literaturunterricht könnte hier sicherlich ein Vorbild sein. Russisch als Sprache und Russisch als Literatur sind in der Schule getrennte Unterrichtsfächer.

Was spricht dagegen, dass auch Menschen ohne

Schulabschluss wenigstens einige ihrer Literaten mit Weltruf kennen?

Woher kommt die Idee, dies sei einer bürgerlichen Elite vorbehalten?

Es erinnert an die Jahrhunderte vor der Aufklärung, als Lesen und Schreiben nur dem Adel und der Kirche vorbehalten war. Zufall oder politischer Wille?

Zeichenunterricht beinhaltet jeder Stundenplan, warum diesen nicht im Kunstmuseum verbringen anstelle mit eigenen Kritzeleien im Schulzimmer?

Gemälde schulen das Auge, sorgen für die Bildung von Geschmack in Farbgebung und Form, lehren ein Gefühl für Perspektive, ohne das auch Fächer wie Geometrie nicht auskommen.

Musik schult das Gehör, erleichtert das Erlernen von Fremdsprachen.

Lebendiger Geschichtsunterricht, um das Bewusstsein für die Zusammenhänge zwischen dem eigenen Leben und der realen Geschichte - sprich Politik - dem Nachwuchs näherzubringen.

Wenn das Ziel ein mündiger und selbständiger Staatsbürger wäre, dann würde das Erlernen mit Presse und allgemeinen Medien kritisch umzugehen auf einen Lehrplan gehören.

Anstelle dessen sind wir aber mit einem Schulsystem konfrontiert, das Mythen schützt und entgegen dem Grundrecht auf gleiche Bildung für alle, Bildung auf niederen Schulebenen nur auf formale Fächer beschränkt.

Wo ist das Recht auf gleiche Bildungschancen, wenn Bildung nur Rechnen und Schreiben bedeutet?

Zur Bildung gehört unbedingt auch immer Kultur, denn

Kultur ist wesentlich mehr, als das, was zurzeit in der Schule geboten wird. Erst kulturelle Bildung macht es möglich offen auch auf fremde Kulturen zuzugehen, da Kultur als solches begrifflich ethnologisch nicht eingeschränkt wird und bekanntlich erst der Blick auf fremde Kulturen die Affinität für den eigenen Kulturkreis schult.

Woher soll man Demokratie verstehen, wenn man Sokrates und Platon nicht kennt und woher soll man die alten Griechen kennen, wenn man keine Ahnung vom alten Griechenland hat? Warum sollen solche Highlights der europäischen Zivilisation nur den Kindern aus den bildungsbürgerlichen Familien zugestanden werden? Weil die Amerikaner auch ohne Platon und Sokrates leben? Die Rache der Auswanderer von vor 200 Jahren an der europäischen Kultur! Und ein Kontinent namens Europa, der sich dies bieten lässt …

Russland als Partner

Russland hat noch für ungefähr 25 Jahre genügend Goldreserven bei einer Beibehaltung von geschürften 180 Tonnen pro Jahr. Damit ist Russland führend in den noch vermuteten Goldreserven.

Hinzukommen der Abbau von Edelsteinen, Erdöl und Gas. Gemeinsam mit Iran und Katar gehört Russland zu den führenden Gaslieferanten der Welt.

Das heißt, Russland kann faktisch einen Finanzmarkt und damit verbunden die Konvertierung des Rubels mit seinen Bodenvorkommen vollkommen stützen. Einem Finanzmarkt, dem reale Sicherheiten gegenüberstehen.

Schert Europa aus der Allianz mit den USA aus, so bedeutet dies vor allem auch eine offene Auseinandersetzung mit den USA, die sich durch militärische Stützpunkte seit Jahrzehnten mitten in Europa aufhalten.

Was aktuell als Medienkrieg ausgetragen wird, kann sich schnell durch offensichtliche realere Drohgebärden Luft verschaffen. So oder so braucht Europa also eine Schutzmacht, die zumindest vorübergehend in der Lage ist, die Sicherheit des Kontinents zu garantieren.

Dass die USA wenig Skrupel kennen, sollte spätestens seit dem Luftangriff auf Restjugoslawien bekannt sein. Außer Frankreich sind alle anderen EU Staaten militärisch wohl kaum in der Lage, es mit den USA aufnehmen zu können.

Nach dem Georgienkonflikt haben die Russen allerdings nicht nur ihr Militärbudget aufgestockt, sondern wohl im Gegensatz zu Westeuropa auch allfällige durchgespielte Szenarien im Angebot des Generalstabs.

Europa ist sich nicht einig, während Frankreich, Italien und Deutschland klar ihre Interessen in Russland sehen, versuchen vor allem Länder wie Polen und Schweden aktiv die Interessen der USA zu bedienen.

Die USA haben die Spitze der Finanzmiesere noch nicht erreicht. Diese Spitze dürfte erst in drei bis fünf Jahren kommen. Gerne wird übersehen, dass den Finanzchefs von Banken diverse Möglichkeiten offenstehen, Verluste und Abschreibungen in der Bilanz einige Jahre hinauszuzögern. Mit der Kreditvergabe durch die russische Regierung an Island, hat sich Russland letztlich bereits auf dem internationalen Parkett als seriöser Finanzpartner eingeführt.

Die globale Dominanz der USA wird so oder so ihrem Ende entgegengehen. Die Achse Moskau - Peking sowie die Achse Moskau - Neu Delhi bietet für Europa durchaus attraktive Allianzen, die in den kommenden Jahren an wirtschaftlichem Gewicht gewinnen könnten und langfristig Europa weiterhin unter den führenden Wirtschaftsmächten der Welt bestehen lässt. Ohne diese Partnerschaftsachsen ist dieser Status nicht unbedingt garantiert.

Der Krieg gegen den Terrorismus hat sich längst als das

entlarvt, was er eigentlich ist, ein Manipulationsschema und Massenkontrollmittel der Zukunft mit der eigenen Bevölkerung unter Generalverdacht als Zielobjekt. Wie in jeder religiösen Bewegung, so existieren auch im Islam sektenartige Gruppen. Die bloße Existenz von Islamisten, wie den Taliban mit ihrer Steinzeitidee vom Islam, bedeutet aber nicht, dass der Islam grundsätzlich schlechter oder besser als jede andere Weltreligion anzusehen ist. Religion als politisches Mittel ist gerade dem Christentum sehr geläufig. Woher kommt aber die Idee, dass die Europäer, die USA oder irgendwelche religiösen Fundamentalisten - egal aus welchem Eck - das Recht haben sollen darüber zu bestimmen, was für andere Kulturen und Länder gut und richtig sein mag.

Ein langfristiges friedliches Miteinander ist nur dann gewährleistet, wenn man endlich dazu käme nicht die eigenen Werte für die allein gültigen zu erklären. Jedes Volk, jede Religion und jeder Kulturkreis hat das Recht selbst zu entscheiden, wie sie leben wollen. Dass dabei manchmal nicht alle Länder im gleichen Zeitalter leben mögen, ist Sache dieser Staaten und ihrer Bevölkerung. Der moralische Zeigefinger sollte aber schon seit den Kreuzzügen dort bleiben, wo er hingehört, an die eigene Hand.

Transnationale Konzerne mit ihren Patenten auf genmodifiziertes Saatgut sind keine Lösung für Armut und Hunger in der dritten Welt, sondern in der Zukunft ein Teil ihrer Ursache. Die Zahlungen für patentiertes Saatgut sind jährlich fällig und durch ihre Modifizierung verdrängen sie langfristig die natürlichen Saatvorkommen. Abhilfe könnte auch da nur eine internationale Kommission unter den führenden Wirtschaftsmächten zur Ächtung unsozial handelnder, transnationaler Konzerne führen. Damit das Ganze nicht wieder zur Bevormundung führt, wäre eine Variante die Schaffung einer sog. Internationalen Ethikkommission ähnlich dem Club of Rom.

Das Problem mit der dritten Welt lässt sich auf jeden Fall langfristig weder wie bisher einfach in Form von Lebensmittellieferungen noch in Form von Ausbeutung durch Konzerne lösen.

Der richtige Weg ist letztlich auch hier nur die Hilfe zur Selbsthilfe.

Zitat: Harald Schuman

Mir kommen immer wieder die Agitatoren und Propagandisten aus DDR-Zeiten in den Sinn, deren Palaver und Hetze gegen den Westen ich gehasst habe. Doch schon seit einiger Zeit, habe ich das Gefühl, dass etliches noch untertrieben war und vieles zumindest eine selbsterfüllende Prophezeiung wird. Wenn damals ein Propagandist von sich gegeben hätte, dass man im Westen bei jeder Gelegenheit Gefahr läuft abgezockt zu werden, und dass das auch noch rechtsverträglich ist, hätte wohl selbst der überzeugteste Kommunist die Augen verdreht. Und wie war das mit dem „parasitären, faulenden und sterbenden Kapitalismus"?

Der sterbende Kapitalismus in seiner neoliberalen Ausprägung führt zurzeit die schönsten Blüten vor. Wie rational ist die Entscheidung, Georgien - das tief schlafende Zivilisten mit Splitterbomben tötet - 3,5 Milliarden Euro Aufbauhilfe zu gewähren? Wo ist die Logik zu Jugoslawien der 90er Jahre?

Wo ist die Logik Russland für sein schlechtes Image verantwortlich zu machen, wenn es ausgerechnet die Massenmedien sind, die einseitig alle von CNN abschreiben und ganz genau wissen, wer die Bösen sind?

Zur heutigen Kultur gehört auch die Idee des Schwarzweiß-Denkens, dank Kino und Fernsehen wächst man mit dieser vereinfachten Weltsicht auf.
Es gibt sie nicht, da die Guten und da die Bösen, es gibt nur die Suche nach Lösungen für die Welt von morgen, denn die heutige ist zurzeit gerade in Auflösung begriffen.

Europa steht an einer Zeitenwende und vor ihr liegen riesige moralische, wirtschaftliche und soziale Probleme. Nicht die Überwachung des Bürgers wird den Frieden in Europa sichern, sondern der Weg nach neuen Lösungen, die Überwindung von Vorurteilen und die Absage an Grenzen, die nur in den Köpfen der Menschen existieren.

Wenn wir Europa am Ende dieses Jahrhunderts nicht in die Bedeutungslosigkeit verabschieden wollen, müssen wir jetzt anfangen, zurück zu den Werten einer sozialen Marktwirtschaft und einer Stärkung einer multikulturellen, international gleichberechtigten Gesellschaft zu streben. Nur

durch ein Miteinander ohne den Anspruch auf
Gleichmacherei und allein selig machenden Werten, die in
Wirklichkeit im freien Fall versinken, kann ein Europa
versunken in Bürgerkriegen und Verteilungskämpfen
verhindert werden.

Amerika ist so oder so nicht mehr zu retten und eine Rettung
muss uns auch nicht interessieren. Wir sind Europäer mit
einer langen Kultur an Aufklärung und politisch-sozialen
Prozessen, an diese Tradition sollten wir anknüpfen. Hier
liegt die Stärke des Kontinents.
Zum Kontinent gehört Russland und nur mit Russland ist es
überhaupt möglich, das Ruder herumzureißen und zu
versuchen, neue Wege zu gehen.
Russland als Kulturexport, als Brücke zwischen Asien und
Europa, als Energielieferant, als Hort der Wissenschaft und
letztlich als Schutzmachtgarant Europas ist das, was die USA
fürchten und wo Europa von Russland nur profitieren könnte.

Russland will zukünftig sein Gas und Öl nur noch in Rubel
abrechnen. Mit China ist bereits eine Gegenverrechnung in
der jeweiligen Landeswährung vorgesehen. Es ist der richtige
Schritt zu einem neuen Finanz- und Geldmarkt. Der Rubel als
Konkurrent des Dollars und des Euros könnte bald schon
Wirklichkeit sein.

Eine provokative Thesis? Natürlich, aber besser als das, was
uns zurzeit blüht und nur wer querdenkt, hat eine Chance
überhaupt zu denken.

Anhang

Auszug aus der Rede Putins vom 8. Februar 2008, Sitzung des Staatsrates wortwörtliche Übersetzung.

Kompletter Originaltext im Internet unter http:// www.kremlin.ru/text/appears/2008/02/159528.shtml

На защиту России, ее территориальной целостности встали не только военнослужащие, но и само общество.

Zum Schutz Russlands, ihrer territorialen Einheit stehen nicht nur die Sicherheitskräfte, sondern die Gesellschaft bereit.

Подготовка к агрессии против России, к отторжению её исконных территорий велась абсолютно открыто.
Die Vorbereitungen für Aggressionen gegenüber Russland und die Abtrennung ihrer althergebrachten Territorien, wurden absolut offen betrieben.

Что мы могли противопоставить?
Was konnten wir dem gegenüberstellen?

Армия была фактически деморализована и небоеготова. Денежное довольствие военнослужащих было откровенно нищенским, да и выплачивалось несвоевременно. Техника стремительно устаревала. Предприятия оборонно-промышленного комплекса задыхались в долгах, теряли кадры и производственную базу.

Die Armee war faktisch demoralisiert und nicht kampfbereit. Das Gehalt der Dienstleistenden war, offen gesagt, armselig und wurde zurzeit nicht bezahlt. Die Technik absolut veraltet. Die Unternehmen für Waffentechnik erstickten in Schulden, verloren ihre Kader und ihre Herstellungsbasen.

В большинстве субъектов Федерации действовали законы, противоречащие Конституции России.

In den meisten Subjekten der Russischen Föderation gab es Gesetze, die gegen die Russische Konstitution verstießen.

По отношению к 1991 году реальные доходы граждан составляли лишь 40 процентов, пенсии – и того меньше. В результате почти треть населения имела доходы ниже прожиточного минимума.

Im Vergleich zum Jahre 1991 waren die realen Einkommen der Bürger nur 40 Prozent, Renten – auch noch weniger. Das Resultat war, dass rund ein Drittel der Bevölkerung ein Einkommen unter dem Existenzminimum hatte.

В этих условиях мы начали формировать и реализовывать наш план – план вывода России из системного кризиса.

Unter diesen Bedingungen begannen wir unseren Plan zu formieren und realisieren – den Plan, Russland aus der Systemkrise zu befreien.

Нам удалось избавить страну от порочной практики принятия государственных решений под давлением сырьевых и финансовых монополий, медиамагнатов, зарубежных политических кругов и оголтелых популистов, когда не только национальные интересы, но и элементарные потребности миллионов людей цинично игнорировались.

Es gelang uns das Land zu befreien, nämlich von der verderblichen Praxis auf Staatsebene Urteile unter dem Einfluss von Rohstoff und Finanzmonopolen, Medienmagnaten, ausländischen politischen Kreisen und zügellosen Populisten - welche nicht nur nationale Interessen, sondern auch elementare Bedürfnisse von Millionen Menschen zynisch ignorierten - zu fällen.

В прошлом году мы достигли самого большого прироста ВВП за последние 7 лет – 8,1 процента. По итогам 2007 года, согласно данным международных экспертов, Россия опередила такие страны «восьмёрки», как Италия и Франция, по объёму ВВП, рассчитанному по паритету покупательной способности, и вошла в семёрку крупнейших экономик мира.

Im letzten Jahr hatten wir das höchste Wachstum des BSP in den letzten 7 Jahren – 8.1 Prozent. Nach Meinung internationaler Experten überholten wir solche Länder wie Italien und Frankreich im BSP, errechnet auf der Basis der Kaufkraft, und wir gehören Heute zu den 8 führenden Wirtschaftsländern.

Нашим детям не придётся отдавать за нас прежние долги: государственный внешний долг сократился до 3 процентов ВВП, что считается одним из самых низких и лучших показателей в мире.

Unsere Kinder müssen nicht unsere Schulden bezahlen: Die Staatsschulden liegen Heute bei 3 Prozent des BSP, welches als eines der tiefsten und eine der besten Kennziffern der Welt bedeutet.

Но сейчас уже необходимо заглянуть за этот горизонт, хотя бы на десять лет вперёд. Вот почему сегодня речь идёт о долгосрочной стратегии до 2020 года – по сути, о важнейшем для всего общества выборе дальнейшего пути развития России.

Nun ist es aber unumgänglich über den Horizont zu sehen, zumindest – der Kern über die wichtigste Wahl der Bürger, über den weiteren Weg der Entwicklung Russlands.

....фрагментарно занимаемся модернизацией экономики. И это неизбежно ведёт к росту зависимости России от импорта товаров и технологий, к закреплению за нами роли сырьевого придатка мировой экономики, а в дальнейшем может повлечь за собой отставание от ведущих экономик мира, вытеснение нашей страны из числа мировых лидеров.

Bis jetzt gibt es nur Fragmente zur Modernisierung der Wirtschaft. Und das ist unvermeidlich, denn die Höhe der Abhängigkeit Russlands von Importwaren und -Technologie ist festgemacht an unserer Rolle, die wir als

Rohstoffanhängsel in der Weltwirtschaft spielen, doch in der Zukunft könnten die Folgen ein Rückstand zur Weltwirtschaft sein und die Entfernung aus den 8 führenden Wirtschaftsländern der Welt.

Более того, не сможем обеспечить ни безопасность страны, ни её нормального развития, подвергнем угрозе само её существование, говорю это без всякого преувеличения.

Viel schlimmer, wir können die Sicherheit unseres Landes und eine normale Entwicklung nicht garantieren, setzen sie der Gewalt ihrer Existenz aus, das ist absolut ohne Übertreibung gesagt.

Единственной реальной альтернативой такому ходу событий (как мы это, собственно, ранее и определяли) является стратегия инновационного развития страны, опирающаяся на одно из наших главных конкурентных преимуществ – на реализацию человеческого потенциала, на наиболее эффективное применение знаний и умений людей для постоянного улучшения технологий, экономических результатов, жизни общества в целом.

Die einzige reale Alternative zu einem solchen Ausgang (wie wir gemeinsam schon früher feststellen mussten) ist eine Strategie einer innovativen Entwicklung des Landes, sich auf einen unserer Hauptvorteile bei der Konkurrenzierung stützend – auf die Realisierung des menschlichen Potentials, eine effektivere Verwendung von Wissen und dem Verstand der Menschen für die andauernde technologische

Verbesserung, wirtschaftliche Resultate und der menschlichen Gesellschaft im Ganzen.

Какой может быть выбор между шансом на достижение лидерских позиций в экономике и социальном развитии, в обеспечении безопасности страны – и утратой позиций в экономике, в сфере безопасности, а в конечном итоге и потерей суверенитета?

Welche Wahl kann man schon treffen, wenn die Chance auf eine Führungsposition in der Wirtschaft und in der sozialen Entwicklung sowie die Sicherstellung der Sicherheit des Landes – gegenüber dem Verlust der Wirtschaftsposition und der Sicherheit – und als Folge das Ende der Souveränität besteht.

Переход на инновационный путь развития связан, прежде всего, с масштабными инвестициями в человеческий капитал.

Der Übergang zu einem innovativen Punkt der Entwicklung hängt in erster Linie mit einem Maßstab der Investition in das menschliche Kapital zusammen.

Будущее России, наши успехи зависят от образования и здоровья людей, от их стремления к самосовершенствованию и использованию своих навыков и талантов.

Die Zukunft Russlands - unser Erfolg hängt ab von der Bildung und Gesundheit der Leute, von ihrem Streben nach

Selbstverwirklichung und der Anwendung ihrer Fähigkeiten und ihrer Pläne.

Сфера образования должна стать базой для расширения научной деятельности.
Die Bildungssphäre muss die Basis für die Erweiterung der wissenschaftlichen Tätigkeit sein.

а средняя продолжительность жизни в России увеличилась к 2020 году до 75 лет.
Die durchschnittliche Lebenserwartung muss 2020 75 Jahre erreichen.

Необходимо активно задействовать налоговые механизмы для стимулирования инвестиций в развитие человеческого капитала.
Es ist unumgänglich, aktiv mit den Steuermechanismen für die Stimulierung von Investitionen und der Entwicklung des menschlichen Kapitals zu arbeiten.

И считаю, что минимальной планкой доли среднего класса в общей структуре населения к 2020 году должен быть для нас уровень не менее 60 процентов, а может быть, и 70 процентов.
Und ich denke, die minimale Höhe der Mittelklasse an der Gesamtstruktur der Bevölkerung darf im Jahre 2020 nicht weniger als 60 Prozent, es können aber 70 Prozent sein, ausmachen.

Unter der Ägide von www.kalinkatours.de werden in Moskau Seminare zum Thema "Firmenpraxis in Russland", "Buchhaltung und Steuern in Russland" und "Personal in Russland" durchgeführt!

Gehalten werden diese Seminare von den Autoren der Bücher im Rahmen unserer Reihe.

Termine werden sowohl auf der Seite von Kalinkatours als auch auf unseren Buchseiten publiziert.

Nächster Termin 20. und 21. Februar 2009!

Kalinkatours bietet auch Reisen auf der Grundlage von "Russland anders" an und promotet Lesungen und Konzerte unseres Autors und Pianisten Vadim Palmov.

Quellenverweise

Originalrede des Präsidenten Putin, Februar 2008 auf der Webseite des Kremls auch als Video und MP3
h t t p : / / w w w . k r e m l i n . r u /
appears/2008/02/08/1542_type63374type63378type82634_15
9528.shtml
und bei uns im Kundenarchiv als pdf.

Bilderberger www.fosar-bludorf.com/bilderberger/

Bioökonomie   http://www.bioeconomics.at

Nanowaffen einfach unter google **"Nanoweaponry"**

Quantenphysik
http://www.quantenwelt.de/quantenmechanik/wellenfunktion/
unscharfe.html

Zukunftsforschung
www.zukunftsinstitut.de/downloads/Sexstyles2010.pdf

Zbigniew Brzezinskis
de.wikipedia.org/wiki/Zbigniew_Brzeziński

Noam Chomsky "Media Control: The Spectacular Achievements of Propaganda" **ISBN-13:** 978-1583225363

Kai Ehlers   www.kai-ehlers.de

Henry Kissinger   www.whoswho.de

Harald Schuman   www.tagesspiegel.de

Yuen Kwok Yung
en.wikipedia.org/wiki/Yuen_Kwok-yung

Links

Seiten unserer Autoren und Mitarbeiter

- www.palmov.de
- russland-buecher.ru
- www.nemzki-knigi.de
- www.nemezki-online.de
- www.russlandnetz.de
- www.cdc-msk.ru
- www.russian-online.net
- www.vgermaniju.de
- www.nachrussland.de
- www.inrussland.net
- www.deadseriousdesign.de
- freenet-homepage.de/Traumzeit
- www.russlandsuche.net
- www.wodka.de.tt
- www.ruslanka.de
- www.orenburgregion.de

Rund um Russland

- www.russland.ru
- www.russland.tv
- www.russian-art.de
- klamurke.com
- bad-bad.de
- www.kulturportal-russland.de
- www.eurasischesmagazin.de
- www.russlandjournal.de

- www.russlandjournal.de
- www.krusenstern.ch
- www.desib.de
- baikal.desib.de
- www.beryosa.net
- www.imoe.de
- www.ruswiss.ch
- www.amur-fluss.de
- www.schweiz-russland.ch/
- www.rusweb.de

Dazu noch

- www.deutsche-im-ausland.org
- www.pinkrus.ch
- www.suchbuch.de
- www.wikiservice.at/buecher/wiki.cgi?RalfHellbart
- www.informationsluecke-verlag.com

und wer Mitglied auf der Plattform von XING ist oder kostenlos werden will, der kann uns im Forum besuchen:

www.xing.com/net/deutschlandrussland

Vadim Palmov

JahresZeiten
Zwischen den Welten

Der Mensch wird geprägt durch die Epoche in der er lebt, durch die Menschen die ihm begegnen und durch die Orte, an die es ihn verschlägt. Die Verknüpfung dieser Elemente und ihr Einfluss auf das menschliche Schicksal zeigt sich immer erst in der Zukunft.

In filigraner Sprache gelingt es dem Autor, die Fäden anhand seines eigenen Schicksals dem Leser näher zu bringen. Russische Sprache und Literatur des bekannten Petersburger Pianisten in ihrer besten Tradition.

ISBN 978-3837054354 NachRusslandReihe

Polina Sorel

Russisches Alphabet
Schnell erlernt für jedermann

Was macht mancher Individualtourist oder ausländischer Geschäftsmann vor der Benutzung der Moskauer Metro? Richtig, er zählt krampfhaft im Hotel zuerst die Stationen ab und versucht sich die Optik des Namens seiner erwünschten Metrostation einzuprägen. Wie findet man die gesuchte Straße in Petersburg, wenn die Straßenschilder in Kyrillisch sind und der Stadtplan in lateinischen Buchstaben gedruckt ist?

Das vorliegende kleine Buch will schnell und einfach helfen, sich in 20 Lektionen mit den fremden Buchstaben anzufreunden. Russisch muss man dafür nicht können. Wer lesen kann, fühlt sich in einer fremden Umgebung viel sicherer und wohler

ISBN 978-3-837068023 NachRusslandReihe

www.ingramcontent.com/pod-product-compliance
Lightning Source LLC
Chambersburg PA
CBHW051757250726
48659CB00001B/464